御朱印でめぐる関西の百寺

西国三十三所と古寺

関西の百寺 おめぐりマップ

関西には、長い歴史をもつ由緒あるお寺がたくさんあります。
歴史の物語に想いをはせながらめぐりましょう。

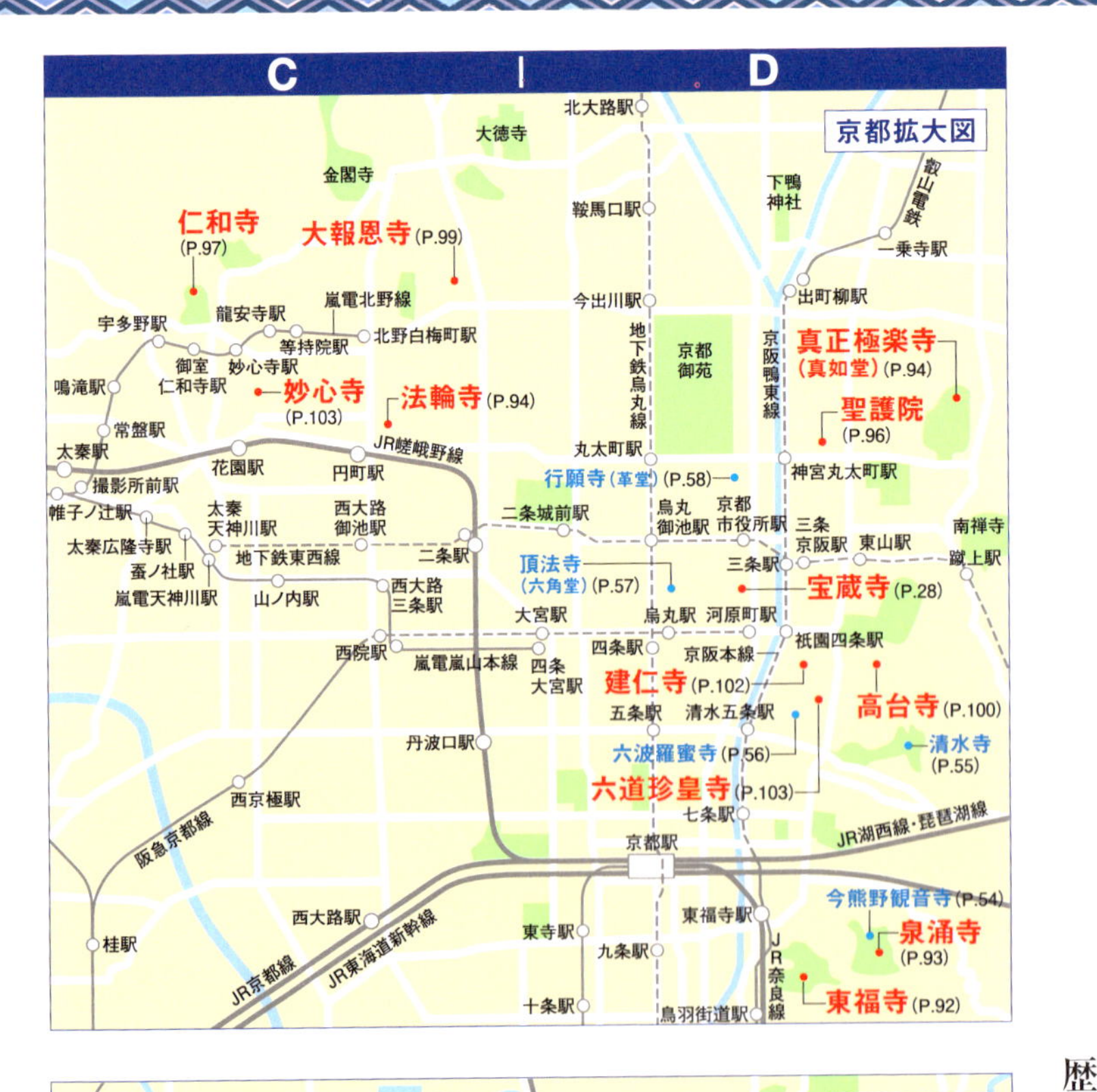

A
B
1
2
3
4
福井県
滋賀県
岐阜県
京都府
兵庫県
大阪府
奈良県
三重県
和歌山県
成相寺(P.70)
松尾寺(P.71)
華厳寺(P.75)
延暦寺(P.80)
園城寺(三井寺)(P.53)
正法寺(岩間寺)(P.51)
宝厳寺(P.72)
上醍醐・准胝堂(醍醐寺)(P.50)
石山寺(P.52)
元慶寺(P.61)
浮御堂(海門山満月寺)(P87)
蓮華寺(P.101)
長命寺(P.73)
京都拡大図
観音正寺(P.74)
西明寺(P.85)
金剛輪寺(P.84)
百済寺(P.85)
永源寺(P.86)
大覚寺(P.98)
立木観音(P.82)
圓光寺(P.88)
播州清水寺(P.66)
神護寺(P.93)
朝光寺(P.129)
穴太寺(P.60)
浄土寺(P.132)
善水寺(P.90)
長寿寺(P.90)
圓教寺(P.68)
一乗寺(P.67)
菩提寺(P.69)
善峯寺(P.59)
石薬師寺(P.135)
神峯山寺(P.125)
正福寺(P.81)
中山寺(P.65)
勝尾寺(P.64)
常楽寺(P.91)
真善寺(P.134)
三室戸寺(P.49)
総持寺(P.63)
伽耶院(P.131)
門戸厄神 東光寺(P.131)
法界寺(P.99)
鶴林寺(P.128)
萬福寺(P.101)
霊山寺(P.111)
浄瑠璃寺(P.104)
専修寺(P.134)
宝山寺(P.110)
斑鳩寺(P.130)
太山寺(P.128)
大阪拡大図
奈良拡大図
大龍寺(P.129)
法隆寺(P.106)
南宗寺(P.123)
室生寺(P.112)
葛井寺(P.42)
法起院(P.47)
道明寺(P.123)
長谷寺(P.45)
観心寺(P.124)
岡寺(P.44)
南法華寺(P.43)
施福寺(P.41)
金峯山寺(P.113)
根來寺(P.119)
慈尊院(P.120)
無量光寺(P.121)
粉河寺(P.40)
高野山奥の院(P.117)
紀三井寺(P.39)
金剛三昧院(P.117)
金剛峯寺(P.116)
長保寺(P.121)
道成寺(P.118)
救馬渓観音(P.118)
青岸渡寺(P.38)
• 西国三十三所 札所

目次 ～もくじ～

栄光と衰退の時代を生き抜いた関西の百寺

関西の百寺と聞いて思い浮かぶのは
京都や奈良の大寺でしょうか？
関西というと一般にその範囲は
兵庫県、大阪府、京都府、滋賀県、奈良県、和歌山県。
とても広いのです。

西国三十三観音霊場は関西全域に点在しています。
大勢の参拝客がひっきりなしに訪れる
大寺ばかりではありません。
険しい山中にひっそりたたずむ古寺、
境内から湖や海を望む古寺、
聖徳太子ゆかりの古寺、湖に浮かぶお堂……
境内にはゆったりとした時間が流れ
観音霊場はそれぞれに豊かな表情で迎えてくれます。

長らく政争の舞台となってきた関西に位置する寺々は
源平の戦い、応仁の乱、織田信長の侵攻など
権力闘争の荒波に翻弄されてきました。
戦乱の世をしのぎ、今も残る仏像には
仏像を尊び、守り抜いた人々の思いや姿を
垣間見ることができます。
そんな仏様とのご縁を
結んでくれるのが御朱印です。
雅な御朱印、凄い御朱印、
力強い墨書の御朱印……
関西の百寺の御朱印には
長い歴史と大勢の人々の
尊い思いも込められているのです。

さまざまな仏様

寺院の御朱印で中央に墨書されているのは、多くの場合、阿弥陀如来や観世音菩薩、不動明王、歓喜天など、本堂に祀られている御本尊の名前です。どのような仏様かを説明しましょう。

如来（にょらい）

釈迦如来像

如来、菩薩は釈迦が悟りを開くまでの姿を表しています。釈迦は北インドの小国の王子。29歳で出家して悟りを開き、仏教の開祖となりました。如来はサンスクリット語でタターガタといい、悟りの境地に達した者を意味します。仏たちのなかで最高位の仏です。

仏像を見ると頭頂部にも、衣にも、ほとんど装飾はなく、上半身に着けているのは大衣（衲衣）、下半身は裙（裳）を巻きつけているだけです。釈迦は出家する際には装飾を外し、衣一枚を身に着け、その衣がボロボロになるほどの苦行を修め、悟りを開いたという姿を象徴しているのです。悟りを開けばアクセサリーで飾る必要なんて不要というわけですね。

ただ、大日如来は例外で宝冠をかぶり、装飾をつけた姿で表現されることもあります。それは密教の思想では大日如来は最高位にあり、全世界の頂点に君臨する王者であることを示しているからです。

観音菩薩像

菩薩
ぼさつ

如来になるための悟りを開く前の釈迦の姿が菩薩です。正式名は菩提薩埵、サンスクリット語でボーディサットヴァ、悟りを求める者という意味があります。悟りを開くため菩薩は、施しをする布施、戒律を守る持戒、忍辱、精進、禅定、悟りの智慧を得る般若波羅蜜の6つの修行を行っています。如来を補佐する役割があり、脇侍として安置されることがよくあります。

菩薩は釈迦が出家する前の王子だった頃を表しているため、きらびやかな装飾を身につけ、華麗な姿で表現されます。ただ、地蔵菩薩は装飾をつけていません。現世で人々を救済する役割があるため、僧形です。そこで頭は剃髪、袈裟を着て、手に錫杖を持っているのです。菩薩は如来より人間に近い立場でこの世の苦悩から、慈悲の心で人間を救済してくれる仏です。そこで菩薩を祀っているお堂を「大悲殿」といい、御朱印にも「大悲殿」「大悲閣」と墨書されることがあります。

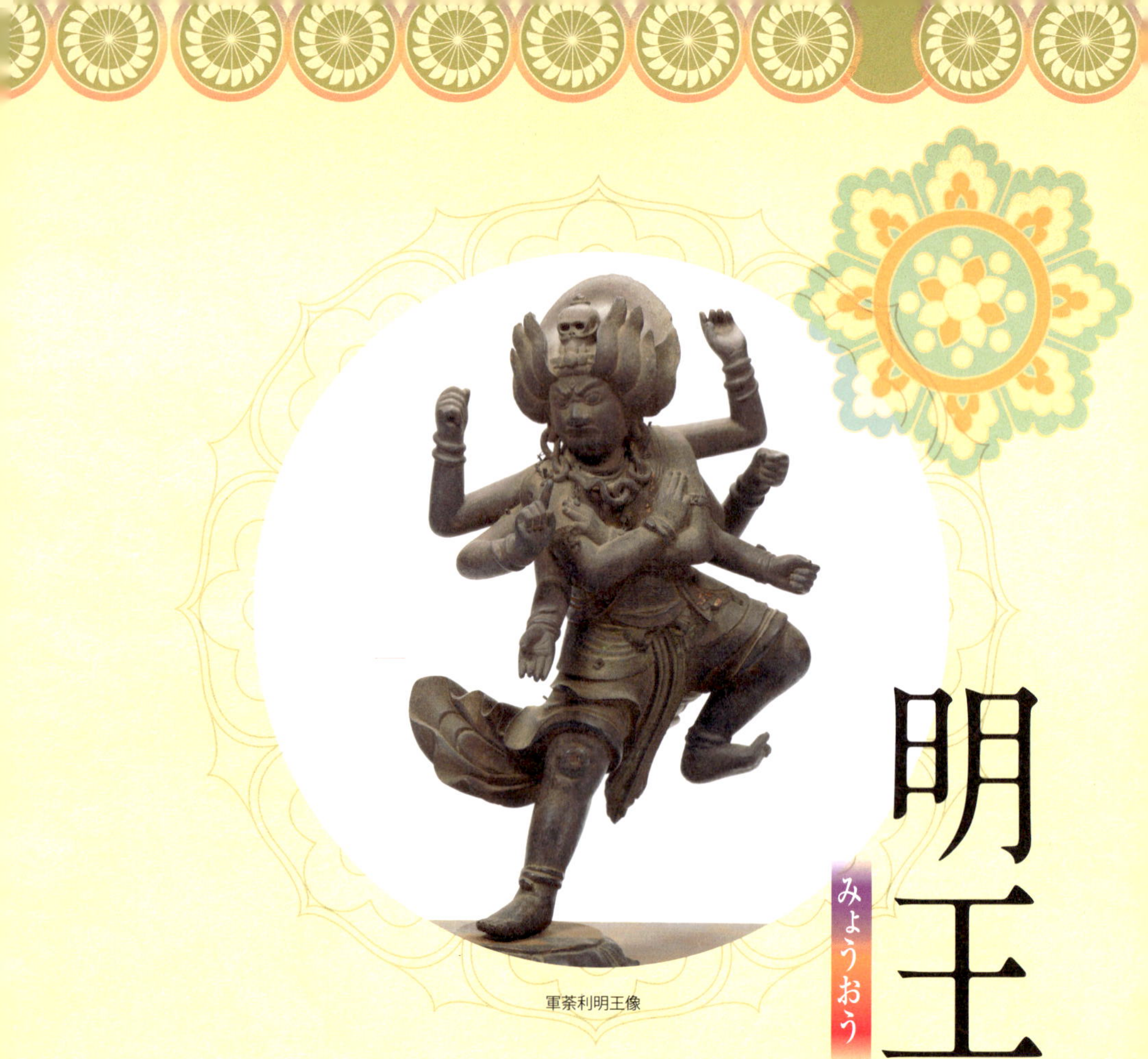

軍荼利明王像

明王
みょうおう

目をつり上げた恐ろしい怒りの表情で手には剣を持ち、炎を背にしているのが明王です。なぜ、そんな怖い姿なのか、それは煩悩(ぼんのう)や業(ごう)、仏敵(ぶってき)から人間を守り、救うため命がけで戦ってくれるからです。その姿は釈迦が出家する前、武術に優れた王子だった頃の姿です。

明王は密教の仏で、サンスクリット語ではヴィドゥヤー・ラージャといい、大日如来の化身とされます。密教思想では大日如来は教えを説く相手によって姿を変化させる仏です。時には如来の姿で穏和に諭し、あるときには菩薩になって慈悲の心で救います。しかし、煩悩や業が深過ぎる相手には力を以って鎮めなければならないため、武器と炎が必要になり、明王の姿に変化するのです。

明王像は真言宗(しんごんしゅう)の開祖(かいそ)空海(くうかい)や天台宗(てんだいしゅう)の開祖最澄(さいちょう)により、平安時代初期に唐から伝えられたといわれています。

毘羯羅大将像

天部
てんぶ

天部といわれてもどんな仏がいるのか、すぐには名前が浮かばないかもしれませんね。ところが、最も多くの、そして多彩な仏がいるのが天部なのです。優美な弁財天がいるかと思えば、勇猛な毘沙門天や仁王、閻魔様等々、多士済々といったところです。彼らの役割の多くは如来、菩薩、明王の働きを妨げる仏敵を撃退することです。ですから、天部の仏は甲冑や武器を持ち、常に臨戦態勢を整えている姿が多いというわけです。足元を見ると岩の上や動物、邪鬼などに乗っています。天部の仏たちはハスの花をかたどった蓮台には乗れないからです。蓮台に乗れるのは如来、菩薩、明王だけです。

天部の仏たちが住んでいるのは須弥山です。須弥山は仏教思想で世界の中心にある聖なる山です。帝釈天、梵天が頂上に住み、天部を統括しています。この須弥山を囲む海に浮かぶ島に人間や動物が住み、須弥山の上に如来、菩薩、明王がいます。

※P.8〜11に掲載した仏像は、すべて奈良国立博物館所蔵

仏像の種類

仏様には如来、菩薩、明王、天部があり、自らがもっている力や救う相手、戦う相手、役割によって姿を変化させます。そして、その役割や力は髪型、衣装、持ち物を見ればわかります。ここでは典型的な特色を説明しましょう。

如来

釈迦は悟りを開き釈迦如来となりましたが、仏教の教派のひとつ大乗仏教では釈迦を悟りへと導いたのが阿弥陀如来、薬師如来、盧舎那仏、大日如来と考えられています。

釈迦如来（しゃかにょらい）

仏教の開祖釈迦が説法をしている姿で、多くの衆生（しゅじょう）を苦しみから救おうと長い腕を差し伸べています。

阿弥陀如来（あみだにょらい）

手と指の形を「印（いん）」といい、臨終の際、阿弥陀如来が迎えに来るサインで往生のランクを示しています。

大日如来（だいにちにょらい）

宝冠をかぶり、全世界に君臨する王者の姿を表現しています。悟りの最高境地を示す「智拳印（ちけんいん）」を結んでいます。

薬師如来（やくしにょらい）

左手に壺を持ちます。この壺は薬壺で病を癒やしてくれます。また、右手薬指が少し前に曲がっています。

如来の髪型は毛髪が右巻きにカールしている螺髪（らほつ）で、頭頂部のふくらみは肉髻（にっけい）といいます。どちらも知恵の象徴とされます。眉間にあるのは白毫（びゃくごう）で白く長い毛が右巻きに丸まり、光明を放っているとされます。

盧舎那仏（るしゃなぶつ）

いわゆる大仏様です。蓮台は千枚もの花弁があり、1枚の花弁には100億の仏の世界があるとされます。

菩薩

髪を高く結い上げ、装飾は頭に宝冠、胸には瓔珞という宝石や貴金属でできたネックレス、腕には臂釧、腕釧と呼ばれる腕輪などをつけ、優雅な衣を纏っています。

文殊菩薩

獅子の背に乗り、右手に煩悩を断ち智慧を表す剣、左手に経巻を持ちます。

月光菩薩

日光菩薩は日輪、月光菩薩は月輪を持ちますが、持ち物がない場合もあります。

聖観音菩薩

十一面観音、如意輪観音など三十三の変化があり、多くは左手に蓮華を持ちます。

地蔵菩薩

地獄、餓鬼、畜生、修羅、人間、天の六道から人を救い、極楽へと導きます。

弥勒菩薩

半跏思惟像で中指を頬に当てているのはどのように救済するか思案するポーズです。

普賢菩薩

白象の背に乗り、合掌する姿で表現されます。徳の力で衆生を救済してくれます。

勢至菩薩

阿弥陀如来の脇侍として祀られ、智慧の力で救済。宝冠に水瓶をつけているのが特徴です。

虚空蔵菩薩

左手には福徳を表す如意宝珠、右手には知恵を表す剣を持っています。

日光菩薩

薬師如来の脇侍として月光菩薩とペアで祀られ、薬師如来に向かって右側です。

明王

不動明王が変化した姿が五大明王です。東では降三世明王、西では大威徳明王、南では軍荼利明王、北では金剛夜叉明王に変化し、煩悩や苦悩などと戦い衆生を救います。

軍荼利明王（ぐんだりみょうおう）

3つの目をもち、体中に蛇を巻きつけています。煩悩や障害を除くとされます。

降三世明王（ごうさんぜみょうおう）

足で踏んでいるのは大自在天と妻の烏摩。貪欲、怒、無知の三毒を制します。

不動明王（ふどうみょうおう）

光背の炎で煩悩を焼き尽くし、剣で悪を断ち、左手に持つ羂索で人を救います。

大威徳明王（だいいとくみょうおう）

6面の顔、6つの手足をもち、水牛に乗り、害をなす怨敵を打ち倒します。

孔雀明王（くじゃくみょうおう）

吉鳥とされる孔雀に乗り、手には果物を持ちます。諸毒を除き、吉をもたらす明王です。

金剛夜叉明王（こんごうやしゃみょうおう）

左右に4つ、中央にひとつ、合わせて5つの目をもち、不浄や悪を断ちます。

明王・天部には多彩な仏様がいっぱい

ほかに、どのような仏様がいるのか見てみましょう。黒色の体に蛇を巻きつけるなど恐ろしい姿は大元帥明王で鎮護国家の功徳があります。不浄を清浄に変える力をもつ烏枢沙摩明王は片足を上げた姿が多いです。天部では女神の代表吉祥天、その母親の鬼子母神、頭が象という歓喜天、その弟で足が速い韋駄天、閻魔様も天部です。四天王は広目天、持国天、増長天、多聞天です。新薬師寺や興福寺で有名な十二神将は薬師如来の眷属で天部に属します。

愛染明王（あいぜんみょうおう）

獅子の冠をかぶり、愛欲を悟りに導きます。蓮台の下の壺は宝物が入った宝瓶です。

天部

鎧をつけ兜をかぶった勇壮な姿は釈迦の家来たちがモデルになっています。多聞天の別名をもつ毘沙門天は脇侍としてではなく、戦いの神として単独で祀られ、信仰されることも多いです。

毘沙門天（びしゃもんてん）

戦いの神として上杉謙信が深く信仰。兜はかぶらず、甲冑をつけた武人の姿です。

帝釈天（たいしゃくてん）

阿修羅との戦いに勝ち、仏教に帰依させました。白象に乗る凛々しい姿です。

梵天（ぼんてん）

4面の顔、4つの腕をもち、装飾をつけ、4羽のガチョウの上に乗っています。

伐折羅（ばさら）

右手に剣を持つ十二神将の一人。十二支の守護神ともされ、戌年の守り神。

阿修羅（あしゅら）

もと悪神ですが、仏教に帰依。戦闘の神で3面の顔、6つの腕をもっています。

広目天（こうもくてん）

千里眼をもち、須弥山の西方を守護。筆を右手に、経巻を左手にしています。

弁財天（べんざいてん）

音楽の神様として有名ですが、もともとは豊穣をもたらす、水の神様です。

大黒天（だいこくてん）

大黒頭巾をかぶり、打ち出の小槌を持ち、福が詰まった大きな袋を担ぎます。

金剛力士（こんごうりきし）

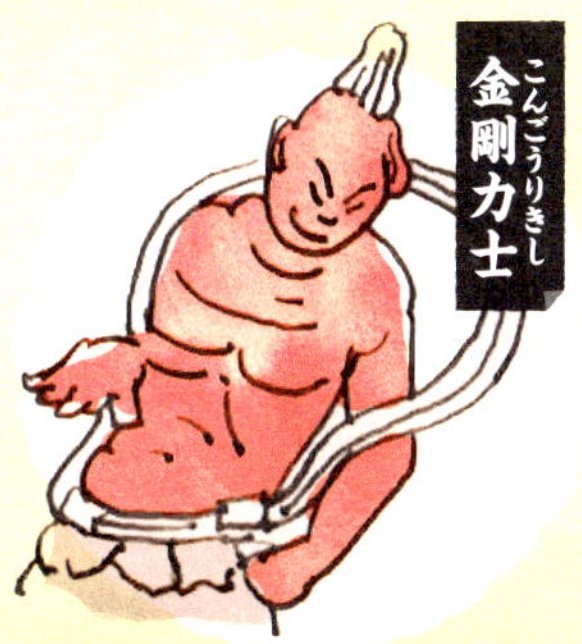

仁王門で魔物を遠ざけます。口を開けているのが阿形、結んでいるのが吽形。

P.12～15のイラストは特定の仏像を参考にしたものではなく、各仏の特徴から描いたものです。

御朱印基礎知識

これぞ、正統派！　御朱印の頂き方レクチャー

御朱印は仏様とのご縁がつながる大切なもの。決して参拝記念スタンプではありません。ですから、きちんとマナーを守って頂きましょう。

正しく参拝

壱　まずは洗って清めるべし

境内に入ったら水屋で手を清め、口をすすぐ。手の洗い方は右手で柄杓を持ち左手を洗い、次に左手で柄杓を持ち右手を洗う。口をすすぐときには水を手に受けてすすぐ。最後に柄杓に水を入れ、柄杓を立てる。こうすると自然と柄に水がかかり、柄をすすぐことができる

弐　本堂到着！　さあ、拝むべし

本堂に進み、灯明、線香、賽銭をあげる。本堂入口に納経できる箱があればここに写経を納める。箱がなければ御朱印を頂くときに受付で納経する

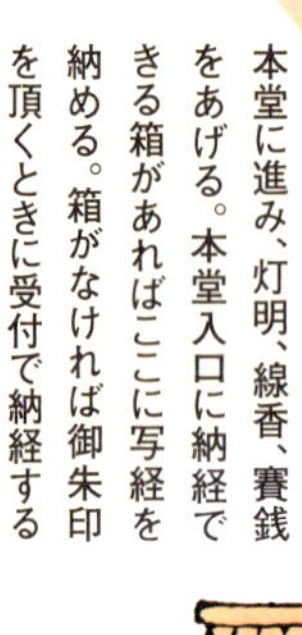

参　読んで、念じて……

本尊に合掌し、読経。読経は大声でなくても、また心のなかで念じるだけでもいい。般若心経など

四　クライマックス、ゴー朱印！

御朱印受付で御朱印を頂く。料金は300円前後

マナーを心得る

多くの寺院でマナーの悪い参拝者がいるという話を聞きました。そこで気持ちよく御朱印を頂くためにマナーを守りましょう。特に宿坊のある寺院では夕刻や食事の時間帯、葬儀や法事、寺の行事などで忙しいときには遠慮するなどの気配りをしたいもの。以下のような行為はＮＧ。ちょっとした気遣いがあればマナーを守るのは難しいことではないはず

御朱印を書いてもらっている間、大声でおしゃべりしない

葬儀中に強引に御朱印を頼むのはだめ

本堂で寝ころんだり、飲食するなんて巡礼の資格ナシ

御朱印帳は必携。観光記念のスタンプ帳やメモ帳になんて論外

御朱印帳以外はだめという寺院もある

宿坊業務がたてこむ時間は避ける

寺院の御朱印とは

これが御朱印帳

寺院の御朱印は一般的に本尊を梵字で表した本尊印か「仏法僧寶」の三宝印、寺院印、これに本尊名を墨書したものがほとんどです。御朱印は寺院に参拝し、写経を納めた証に頂くものでした。

そこで御朱印を納経印とも呼ぶのです。

ところが現在では納経しなくても参拝の証に御朱印を頂けるようになりました。そうなると御朱印本来の意味が薄れ、どれだけ多くの寺院に参拝して御朱印を頂いたかという、数を競う風潮が生まれてしまったのです。

御朱印はそのお寺のご本尊から頂くもので、ご本尊とのご縁が結ばれたことになります。単なる参拝記念ではないのです。ましてやスタンプでもありません。

ですから、ご本尊にあいさつするのは当然です。あるお寺では受付で御朱印を頂くや参拝もせず、時間がないからと次の寺院に駆け足で行ってしまう人や、帰りのバスの時刻を気にして「早く書いてください」とせかしたり、「時間がかかるならいらない」と言ったりする人もいるそうです。

書き手も心を込めて書いてくださいます。頂くときには御朱印本来の意味を思い出し、ご本尊にあいさつし、感謝し、お寺の方にも失礼のないように頂きましょう。

書き手の筆さばきはさまざま

御朱印の読み方

【奉拝・俗称の墨蹟と朱印】

「奉拝」とは「参拝させていただきました」の意味。朱印は寺院の俗称や札所霊場であることが示される

【本尊名など】

中央にはその寺院の本尊名など、参拝した仏の名が書かれる。本書では梵字や漢字の読み方、意味を記した

【印】

本尊を梵字で表した印や三宝印などが押される。三宝印とは仏法僧寶の印。印の字体は篆書という独特なものが多い。そこで本書では印の読み方を記した

【寺号】

寺の名前。ここに山号と寺号の両方が書かれた御朱印もある

【寺院の印】

寺院名の御朱印。本書では寺院名印の読み方を記した。なかには山号を彫った印もある。ほとんどが四角形だが、円形や梵鐘形など変わった印もある

本書をご利用になる皆さんへ

※本書に掲載の寺院はすべて、写真・御朱印の掲載等許可をいただいています。堂内・境内撮影禁止の寺院にも取材ということで許可をいただきました。掲載許可をいただけなかった寺院は掲載していません。

※仏像名・施設名は各寺院で使用している名称に準じています。

※拝観料、拝観時間、参拝記念品や飲食の料金については2018年3月現在のものです。時間の経過により変更されることもあります。

【御朱印解説番号】

1. 奉拝・俗称の墨蹟と朱印
2. 本尊名・観音名など
3. 印
4. 寺号
5. 寺院の印

【データ】

お寺や見どころの住所、交通、拝観時間、拝観料を掲載

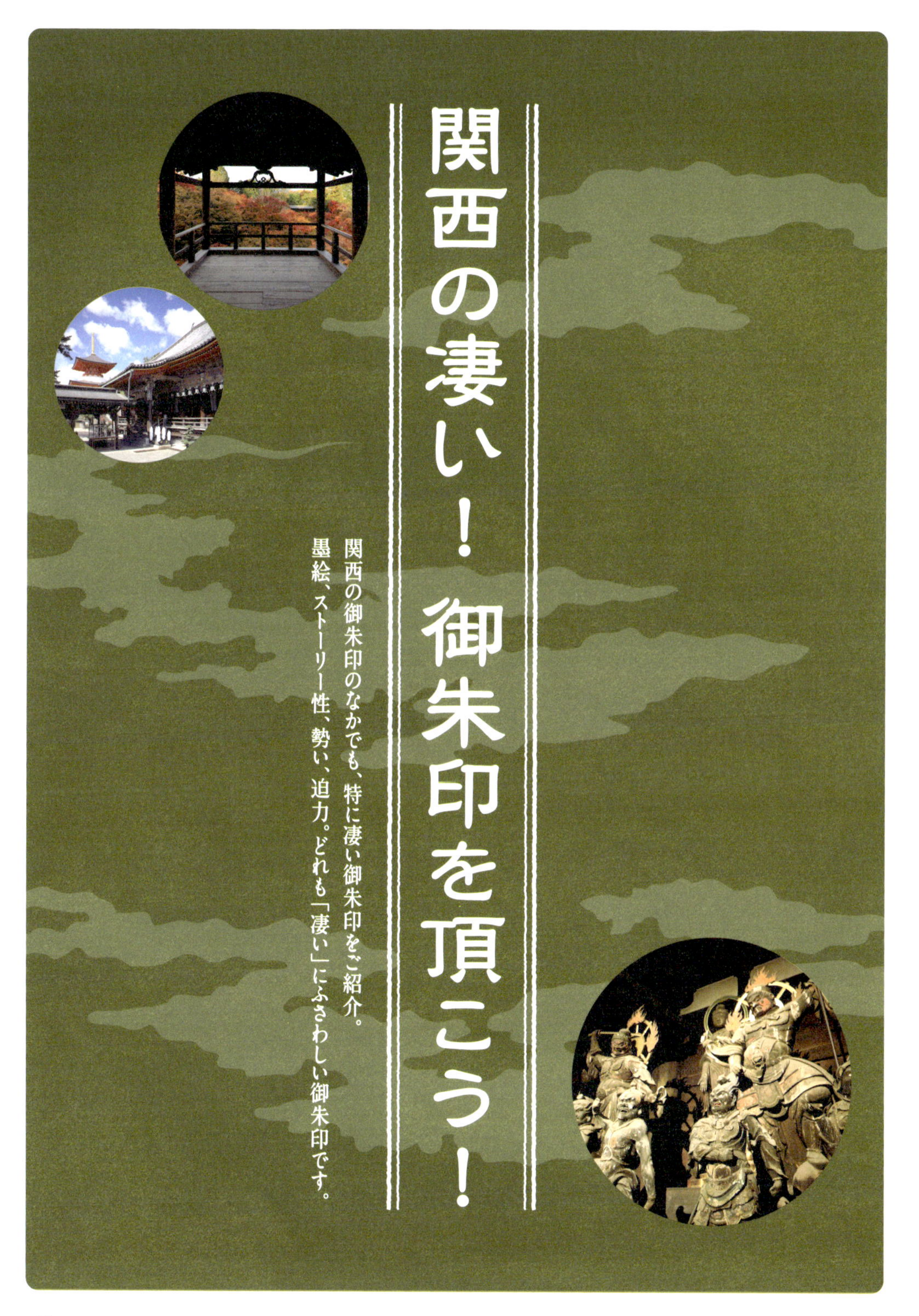

関西の凄い！御朱印を頂こう！

関西の御朱印のなかでも、特に凄い御朱印をご紹介。
墨絵、ストーリー性、勢い、迫力。どれも「凄い」にふさわしい御朱印です。

①洛陽二十番 奉拝　②楊貴妃観音　③楊貴妃観音の印　④泉涌寺＋観音堂
⑤楊貴妃観音堂

泉涌寺

【せんにゅうじ】

DATA

山号／東山、泉山　宗旨／真言宗
住所／京都府京都市東山区泉涌寺山内町27
交通／JR東福寺駅より徒歩20分、または市バス「泉涌寺道」バス停より徒歩15分
拝観／9時～16時30分（12～2月16時）
拝観料／500円
URL www.mitera.org/
MAP：P.2 D-2

中心に押されている印は楊貴妃観音のために考案された独自の印です。楊貴妃観音は聖観世音菩薩ですが、なぜ、このように呼ばれるようになったのでしょう?

楊貴妃は唐の時代、玄宗皇帝に愛された美貌の皇妃。観音像はその美しさから、楊貴妃なきあと、皇帝が妃の面影をしのぶため、彫った像が渡来したとの伝承が生まれたからです。江戸時代初期にはすでに楊貴妃観音と呼ばれていたといいます。

観音堂に安置された像はため息がもれるほどの麗しさです。極楽に咲くという法相華の白い花を右手に持ち、色彩豊かで豪華な透かし彫りの宝冠を戴いています。その姿は優美という表現がぴったりです。

今、楊貴妃観音に縁結びや心身の健康美などの祈願を託す女性が増えています。優しさに満ちた楊貴妃観音とのご縁を御朱印が結んでくれるはずです。

菊と波を組み合わせた朱印は 楊貴妃観音にふさわしい優雅さ

御朱印帳
御朱印帳
新緑、紅葉、
四季折々に
美しい境内

泉涌寺は皇室との関係が深く御寺とも呼ばれる。緑豊かな境内に伽藍が並ぶが、創建当初のものは応仁の乱で焼失。再建が多い。楊貴妃観音堂は山門を入ってすぐ左手に建つ

関西の凄い！御朱印②

①奉拝　②無量光　③阿弥陀如来を表す梵字キリークの印＋薬師寺食堂
⑤薬師寺

薬師寺
【やくしじ】

DATA

山号／なし　宗旨／法相宗
住所／奈良県奈良市西ノ京町457
交通／近鉄西ノ京駅より徒歩すぐ
拝観／8時30分～16時30分
拝観料／玄奘三蔵特別伽藍公開時1100円、非公開時800円、食堂500円
URL www.nara-yakushiji.com/
MAP：P.2　C-4

薬師寺食堂で頂ける御朱印です。食堂は僧侶が食事をする場所で創建当時は300名もの僧侶が一堂に会するほどの規模であったと発掘調査から判明しています。天平2（730）年頃の建造ですが焼失。長い年月を経て、平成29（2017）年に復興されました。

外観は白鳳時代の意匠を再現、反対に堂内は現代的な設計の広い空間が確保されています。その堂内に入ると幻想的な世界が展開します。田渕俊夫画伯による本尊「阿弥陀三尊浄土図」を中心に仏教伝来の様子を描いた50mもの壁画が照明に浮かび上がっているのです。

御朱印の「無量光」とは食堂の本尊阿弥陀如来が永久に発する光で無限の恵みをもたらす光明とされています。食堂内も御朱印も阿弥陀如来の浄土を垣間見せてくれているようです。

阿弥陀如来が発する知恵の光明を力強い墨書が表す

復興された食堂は、創建時は東大寺、大安寺に次ぐ大きさとされた。天禄4（973）年に焼失、その後再建されたが、再び焼失した。期間限定の公開で公開日はHPにアップされる

食堂は白鳳伽藍の主要な施設

①聖徳太子御遺跡第二十八番奉拝　②鵤乃太子　③ハスをかたどった印
④斑鳩寺　⑤斑鳩寺印

斑鳩寺

【いかるがでら】

DATA

山号／斑鳩山　宗旨／天台宗
住所／兵庫県揖保郡太子町鵤709
交通／神姫バス「鵤」バス停より徒歩7分、JR網干駅よりタクシー約10分
拝観／自由
拝観料／無料（宝物館・聖徳殿500円）
URL www.ikarugadera.jp/
MAP：P.3　A-2

境内には聖徳殿があり、太子自作と伝わる太子像が安置されている。
法隆寺の夢殿を思わせる外観の奥殿も建つ。三重塔は重要文化財

宝物には
重要文化財などが
多数

聖徳太子の威徳をしのび、伝説をも想起させる墨書と印

鵤乃太子（いかるがのたいし）とは聖徳太子のことです。鵤の表記は法隆寺でも使われていたことが古文書や考古資料から判明しています。その法隆寺は太子ゆかりの寺、そして斑鳩寺も法隆寺とほぼ同時期に聖徳太子が開いた古刹です。この寺は推古天皇が太子に与えた土地に建立されましたが、そのいきさつにはひとつの伝説があります。

推古天皇14（606）年、太子は豊浦宮で天皇に勝鬘経（しょうまんきょう）について3日間の講義を行います。最終日の夜、ハスの花が天から宮殿に降り注いだのです。推古天皇は喜び、太子に播磨国揖保（いぼ）に水田百町を与えます。太子はこの地を鵤荘（いかるがのしょう）と名づけ伽藍を建立しました。御朱印はこの伝説にちなんでいます。鵤之太子と墨書し、ハスをかたどった印を押しています。御朱印を見れば太子の威徳を思い起こせるというわけです。

本当に「凄い！」御朱印です。伊藤若冲が描いた髑髏は実にシュール。印の色が何色であれ、凄みを損なうことはありません。このような思い切った御朱印が授与できるのは、この寺が伊藤若冲の菩提寺であり、若冲作の「髑髏図」「竹に雄鶏図」を所蔵しているからです。

若冲は正徳6（1716）年、京都高倉錦小路にあった青物問屋の長男として生まれ、30代の頃から画業を志し、京都画壇を代表する画家となりました。本堂前には伊藤家の墓所があり、若冲が建立した両親と末弟の墓石が立ちます。

御朱印ですが毎週月曜日（月曜日が祝日の場合は火曜日）はお休み、オリジナル若冲グッズの販売も行っていません。本尊阿弥陀如来の御朱印は住職が在寺時のみ、御朱印帳に書いていただけます。住職不在の場合は書き置きになります。

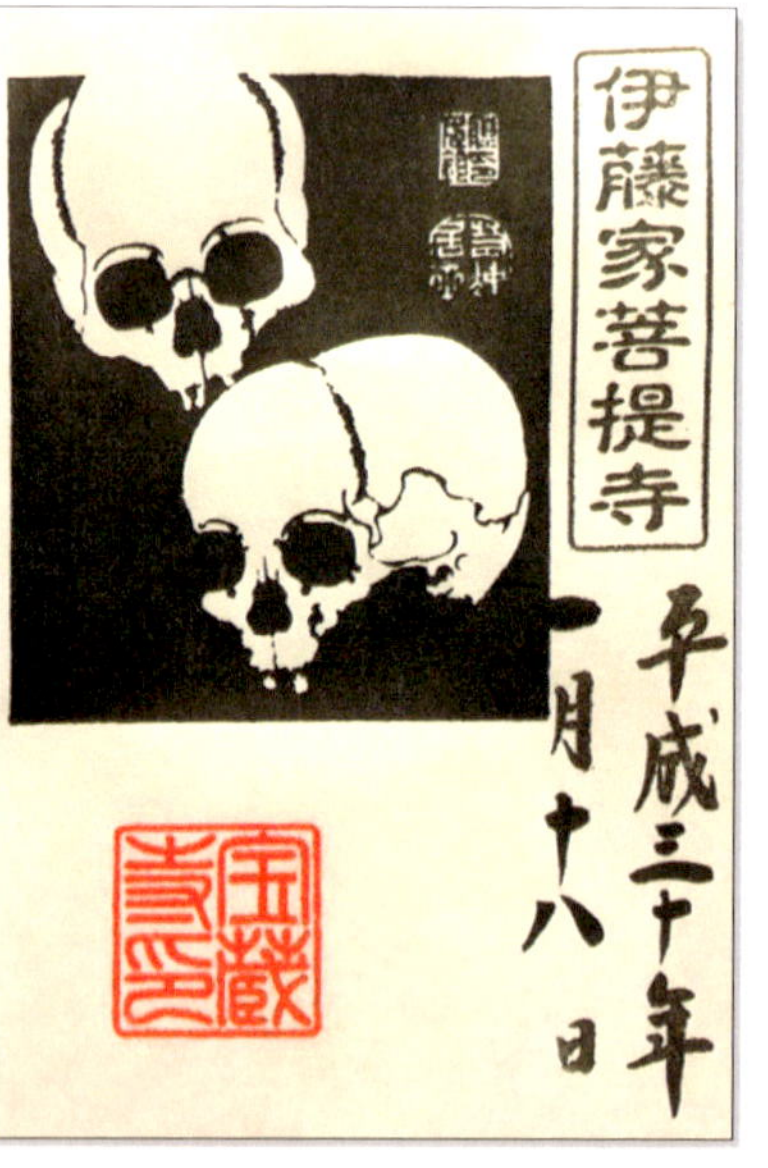

①伊藤家菩提寺　②髑髏図　③宝蔵寺印

宝蔵寺
【ほうぞうじ】

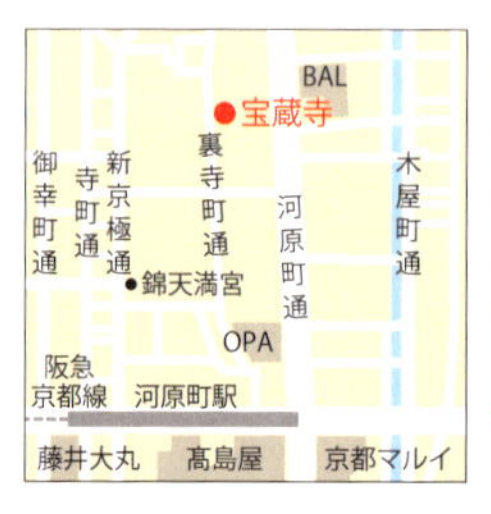

DATA

山号／無量山　　宗旨／浄土宗
住所／京都府京都市中京区裏寺町通蛸薬師上る裏寺町587
交通／京都市バス「四条河原町」または「河原町三条」バス停より徒歩3分
境内拝観／自由
御朱印授与／10～16時（月休）
URL www.houzou-ji.jp/
MAP：P.2　D-2

弘法大師の創立と伝わる。本尊は阿弥陀如来。元治元（１８６４）年、禁門の変により堂宇は全焼。本堂は昭和７（１９３２）年の再建。本堂内は通常、一般公開していないが、墓所は常時公開

若冲ならではの異彩を放つ髑髏図は クール御朱印の極み

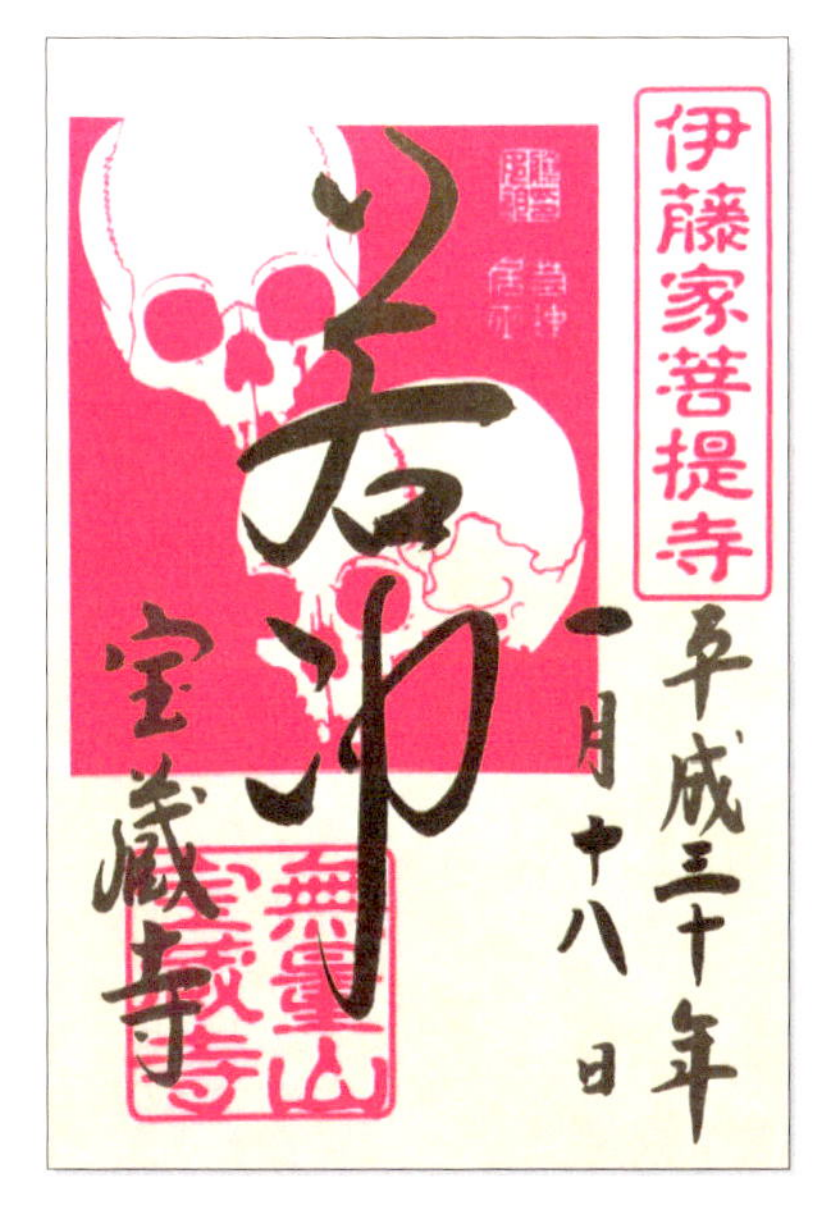

伊藤家の墓所のほか、日本映画の父牧野省三や笑福亭圓歌など、著名人の墓所も

まだある

御朱印

力強い墨書、流麗な書体、そしてカラフルな印
まるでアートを思わせる凄い御朱印の数々です。

法起院【ほうきいん】
本尊は西国霊場創始の上人

①奉拝　日本最初三十三観音巡礼養老弐年徳道上人開基　②徳道上人
③閻魔大王と観音と徳道上人の印　寶印譲与
④法起院

法起院では散華も置いています

道成寺【どうじょうじ】
安珍、清姫伝説で有名な鐘の印

①芸道本山　奉拝　②千手観音
③道成寺　④梵字キリークの千手観音を表す
天音山　千壽観世音　道成寺

法輪寺【ほうりんじ】
別名だるま寺らしい不倒不屈の印

①奉拝　②無心　達磨大師の絵
③不倒不屈　④起上達磨堂

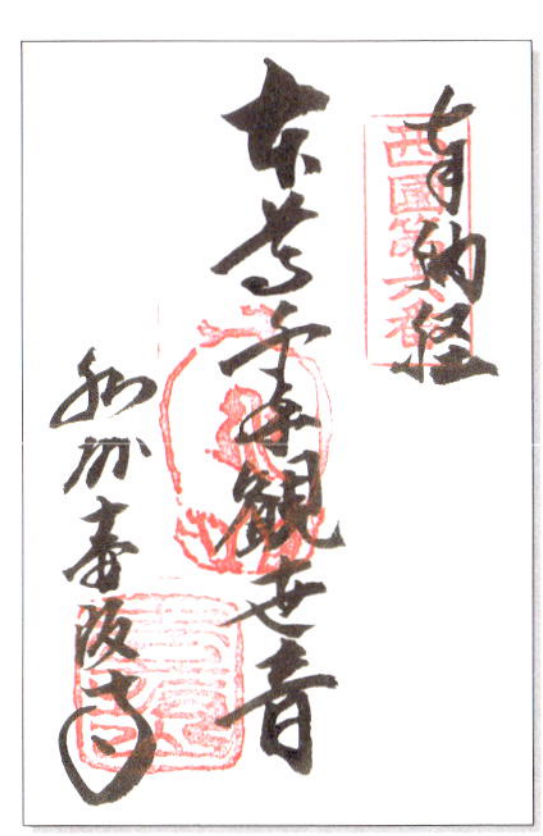

壺阪寺【つぼさかでら】

一気に書き上げるバランスの良さ

①西國第六番奉納経
②本尊千手観世音
③梵字キリークの千手観音を表す復刻印
④摂州壺阪寺
⑤壺阪の復刻印

穴太寺【あなおじ】

流れるような墨書の筆遣い

①西國廿一番奉拝
②聖大悲殿
③菩提山の復刻印
④穴太寺
⑤穴穂の復刻印

真善寺【しんぜんじ】

鬼の印と墨書迫力の御朱印

①奉拝
②念仏で鬼の心温まる
③2月限定節分の鬼の絵
④眞善寺
⑤真善寺

お雛様の優しい表情に心が和む

①奉拝
②違うから仲良くしよう
③3月限定雛祭りの絵
④眞善寺
⑤真善寺

鶴林寺【かくりんじ】

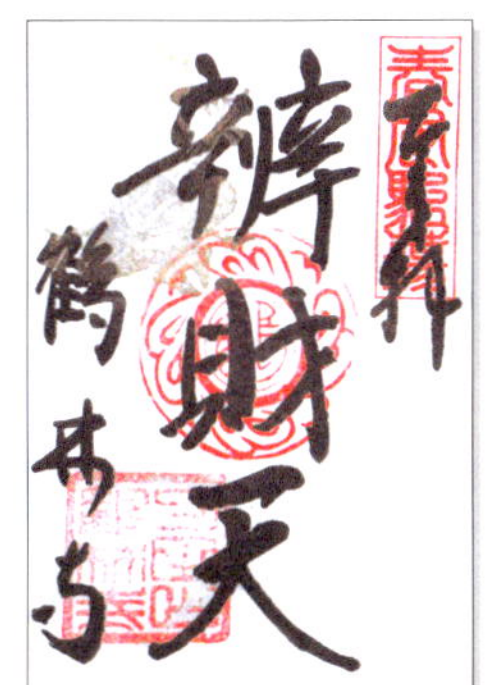

弁財天 春季／4月1日～5月31日限定

①春風駘蕩奉拝　②辨財天
③鶴の印　④弁財天のイメージ印
⑤鶴林寺　⑥刀田山鶴林寺

毘沙門天 夏季／6月1日～7月31日限定

①緑陰夏花奉拝　②毘沙門天
③鶴の印　④毘沙門天のイメージ印
⑤鶴林寺　⑥刀田山鶴林寺

大黒天 秋季／10月1日～11月30日限定

①錦秋風月奉拝　②大黒天
③鶴の印　④大黒天のイメージ印
⑤鶴林寺　⑥刀田山鶴林寺

※期間限定の御朱印は2018年の初の試み。次年度以降の実施は未定です。

凄い！

御朱印帳

寺院が頒布する御朱印帳には本尊や縁起をモチーフにした個性的なデザインが数多くあります。

《中》

《表》

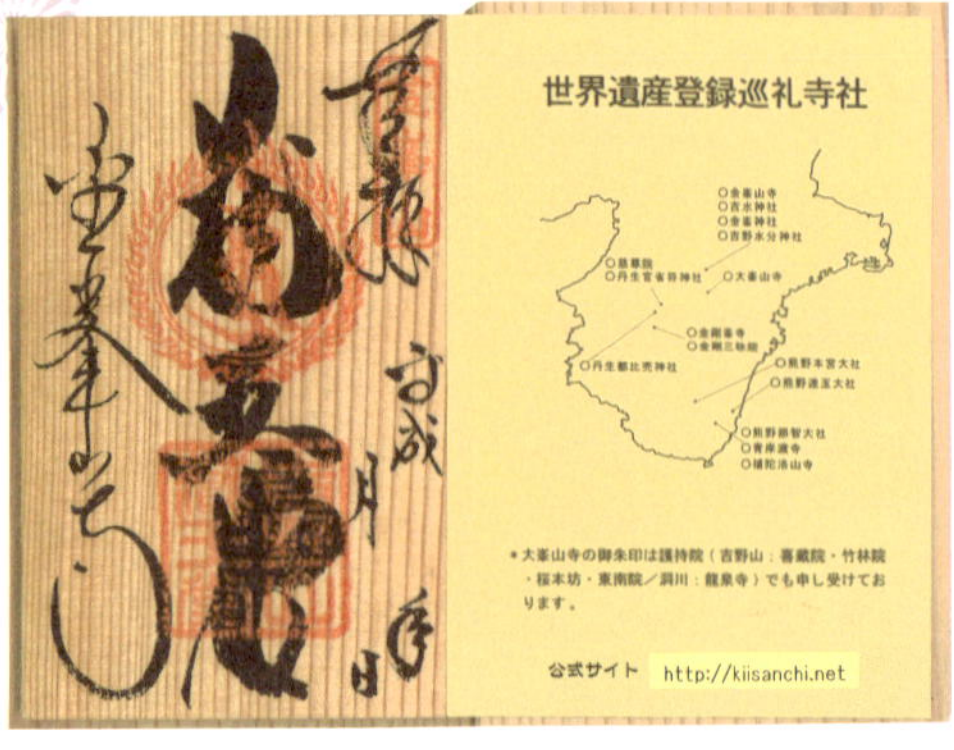

吉野大峯、熊野、高野に位置する寺社で組織する紀伊山地三霊場会が制作した「杉の木御朱印帳」。なかの紙も杉。表紙の裏に参加寺社の一覧が載っている。2000円

金峯山寺【きんぷせんじ】

《裏》

《表》

吉野・天川・十津川連帯観光協議会が紀伊山地世界遺産登録 10 周年を記念して発行。金峯山寺が監修した絵本の一部が表紙。裏には紀伊山地の霊場一覧を記載。1000円

神峯山寺【かぶさんじ】

本尊の兜跋毘沙門天が表紙。武将の信仰を集めた毘沙門天で力強い表情をしている。1500円(朱護箋つき)

大覚寺【だいかくじ】

雅な印象の表紙は日本三大名月観賞地である大沢池に浮かぶ龍頭舟がモチーフ。菊の寺紋を名月に見立てている。1800円（御朱印料含む）

観心寺【かんしんじ】

《裏》

《表》

2018 年、国宝の本尊如意輪観音菩薩御開帳を記念して発行。裏には北斗七星をプリント。1500円

長谷寺【はせでら】

本尊十一面観音の姿を描いた画軸は縦 16mと日本最大。画軸公開記念の御朱印帳。表紙には画軸の観音、裏にはハスを描く。各1800円

六道珍皇寺【ろくどうちんのうじ】

《小野篁》

《閻魔大王》

夜は冥魔庁の冥官とも伝わる小野篁。篁が珍皇寺の井戸から閻魔のもとに通っていたという故事にちなむ閻魔の表紙の2種類。各1800円（御朱印代込）

御朱印でめぐる西国三十三所

今から1300年前、長谷寺の徳道上人により開かれ、
2府5県にわたり寺々が点在する西国三十三観音霊場。
御朱印帳を手に歴史ある古寺をゆっくり訪ねましょう。

西国三十三所

草創1300年記念「特別印」

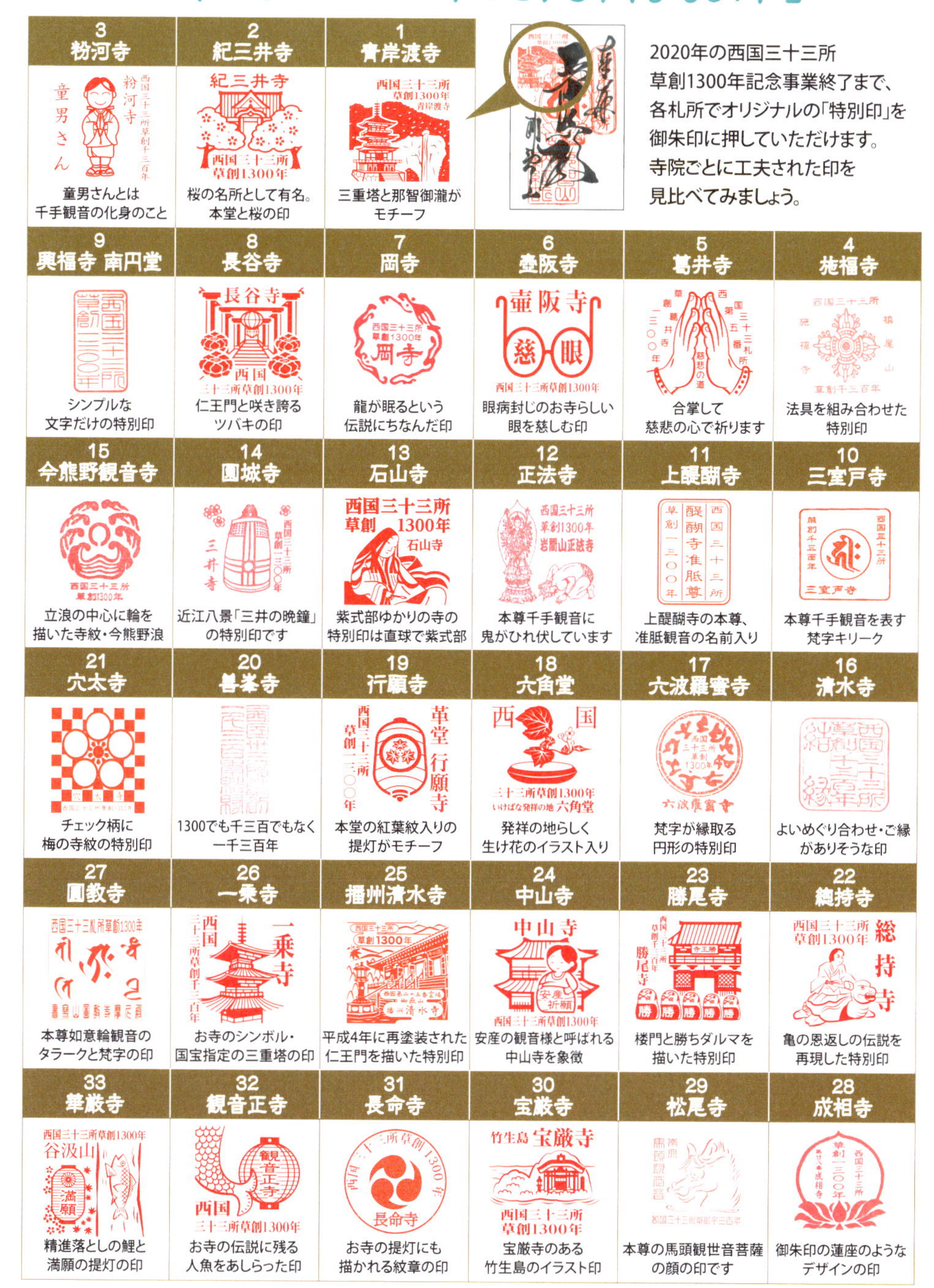

2020年の西国三十三所
草創1300年記念事業終了まで、
各札所でオリジナルの「特別印」を
御朱印に押していただけます。
寺院ごとに工夫された印を
見比べてみましょう。

1 青岸渡寺
三重塔と那智御瀧が
モチーフ

2 紀三井寺
桜の名所として有名。
本堂と桜の印

3 粉河寺
童男さんとは
千手観音の化身のこと

4 施福寺
法具を組み合わせた
特別印

5 葛井寺
合掌して
慈悲の心で祈ります

6 壺阪寺
眼病封じのお寺らしい
眼を慈しむ印

7 岡寺
龍が眠るという
伝説にちなんだ印

8 長谷寺
仁王門と咲き誇る
ツバキの印

9 興福寺 南円堂
シンプルな
文字だけの特別印

10 三室戸寺
本尊千手観音を表す
梵字キリーク

11 上醍醐寺
上醍醐寺の本尊、
准胝観音の名前入り

12 正法寺
本尊千手観音に
鬼がひれ伏しています

13 石山寺
紫式部ゆかりの寺の
特別印は直球で紫式部

14 園城寺
近江八景「三井の晩鐘」
の特別印です

15 今熊野観音寺
立浪の中心に輪を
描いた寺紋・今熊野浪

16 清水寺
よいめぐり合わせ・ご縁
がありそうな印

17 六波羅蜜寺
梵字が縁取る
円形の特別印

18 六角堂
発祥の地らしく
生け花のイラスト入り

19 行願寺
本堂の紅葉紋入りの
提灯がモチーフ

20 善峯寺
1300でも千三百でもなく
一千三百年

21 穴太寺
チェック柄に
梅の寺紋の特別印

22 総持寺
亀の恩返しの伝説を
再現した特別印

23 勝尾寺
楼門と勝ちダルマを
描いた特別印

24 中山寺
安産の観音様と呼ばれる
中山寺を象徴

25 播州清水寺
平成4年に再塗装された
仁王門を描いた特別印

26 一乗寺
お寺のシンボル・
国宝指定の三重塔の印

27 圓教寺
本尊如意輪観音の
タラークと梵字の印

28 成相寺
御朱印の蓮座のような
デザインの印

29 松尾寺
本尊の馬頭観世音菩薩
の顔の印です

30 宝厳寺
宝厳寺のある
竹生島のイラスト印

31 長命寺
お寺の提灯にも
描かれる紋章の印

32 観音正寺
お寺の伝説に残る
人魚をあしらった印

33 華厳寺
精進落としの鯉と
満願の提灯の印

西国三十三所
おめぐりマップ
第三十三番
華厳寺(P.75)
福井県
岐阜県
第三十番
宝厳寺(P.72)
第三十一番
長命寺(P.73)
第三十二番
観音正寺(P.74)
愛知県
第十四番
圓城寺(三井寺)(P.53)
第十二番
正法寺(岩間寺)(P.51)
滋賀県
第十三番
石山寺(P.52)
第十番
三室戸寺(P.49)
第十一番
上醍醐・准胝堂(醍醐寺)(P.50)
第九番
南円堂(P.46)
三重県
番外
法起院(P.47)
第八番
長谷寺(P.45)
第七番
岡寺(P.44)
第六番
南法華寺(P.43)
奈良県
第一番
青岸渡寺(P.38)
京都御苑
第十八番
頂法寺(六角堂)(P.57)
神宮丸太町駅
丸太町駅
第十九番
行願寺(革堂)(P.58)
二条城前駅
京都市役所前駅
烏丸御池駅
三条駅
三条
京阪駅
東山駅
蹴上駅
阪急
京都線
烏丸駅
東西地下鉄線
四条駅
河原町駅
祇園四条駅
御陵駅
五条駅
清水五条駅
京阪本線
第十六番
清水寺(P.55)
山科駅
烏丸地下鉄線
七条駅
第十七番
六波羅蜜寺(P.56)
番外
元慶寺
(P.61)
京都駅
東福寺駅
東寺駅
九条駅
第十五番
今熊野観音寺(P.54)
東野駅
近鉄京都線
十条駅
十条駅
鳥羽街道駅
椥辻駅

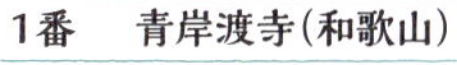

1番	青岸渡寺(和歌山)
2番	紀三井寺(和歌山)
3番	粉河寺(和歌山)
4番	施福寺(大阪)
5番	葛井寺(大阪)
6番	南法華寺(奈良)
7番	岡寺(奈良)
8番	長谷寺(奈良)
9番	南円堂(奈良)
10番	三室戸寺(京都)
11番	上醍醐・准胝堂(醍醐寺)(京都)
12番	正法寺(岩間寺)(滋賀)
13番	石山寺(滋賀)
14番	園城寺(三井寺)(滋賀)
15番	今熊野観音寺(京都)
16番	清水寺(京都)
17番	六波羅蜜寺(京都)
18番	頂法寺(六角堂)(京都)
19番	行願寺(革堂)(京都)
20番	善峯寺(京都)
21番	穴太寺(京都)
22番	総持寺(大阪)
23番	勝尾寺(大阪)
24番	中山寺(兵庫)
25番	播州清水寺(兵庫)
26番	一乗寺(兵庫)
27番	圓教寺(兵庫)
28番	成相寺(京都)
29番	松尾寺(京都)
30番	宝厳寺(滋賀)
31番	長命寺(滋賀)
32番	観音正寺(滋賀)
33番	華厳寺(岐阜)
番外	法起院(奈良)
番外	元慶寺(京都)
番外	花山院菩提寺(兵庫)

青岸渡寺【せいがんとじ】

世界遺産「紀伊山地の参道と霊場」の一部
本堂は国の重要文化財に指定されています

境内から那智滝を望む

境内に建つ三重塔の背後には豊かな水量で流れ落ちる那智滝が見えます。今も、昔も、変わらない雄大な光景から札所めぐりは始まります。伝承では4世紀、熊野灘に漂着したインド人僧の裸形上人が那智滝で修行中、滝壺から如意輪観音を得、草庵を建て安置したのが最初とされます。その200年後、この地を訪ねた大和の生佛上人は裸形上人の話を聞きます。上人は3mの如意輪観音を刻み、その胸中に滝壺で得た観音像を納め、堂宇を建立したと伝わります。平安時代から鎌倉時代には隣接する熊野那智大社とともに神仏習合の修験道場として栄え、大勢の参拝があり、その様子は「蟻の熊野詣」といわれるほど。しかし、戦国時代に織田信長軍の焼き討ちに遭い伽藍が焼失。本堂は豊臣秀吉が再建したもので桃山様式を伝え、堂内には秀吉が寄進した大鰐口が残ります。

天正9（1581）年に焼失した本堂は天正18（1590）年に豊臣秀吉の命で再建、熊野地方最古の建造物。三重塔は昭和47（1972）年の再建。塔内に入ることができる

1 西国第壱番札所奉拝　2 大悲殿　3 梵字キリークの如意輪観音を表す印　4 那智山　5 那智滝と三重塔の西国三十三所草創1300年の記念印　那智山納経印

ご本尊
如意輪観世音菩薩

DATA
山号／那智山　宗旨／天台宗
住所／和歌山県東牟婁郡那智勝浦町那智山8
交通／紀伊勝浦駅よりバス30分、那智山バス停下車徒歩15分
拝観／5～16時30分
拝観料／無料、三重塔200円
MAP：P.3 B-4

宝亀元（770）年、為光上人を開基として開創。本堂は宝暦9（1759）年の建立。朱色が華やかな多宝塔は文安6（1449）年の建立で国の重要文化財

三つの井戸があるお寺

紀三井寺【きみいでら】

正式名称を金剛宝寺護国院といい、山内には清浄水・楊柳水・吉祥水の三井水が湧きます

奈良朝時代の開創で標高約230mの名草山中腹に境内が広がります。楼門から本堂までは231段の石段を上ります。石段の中ほどには小さな滝が落ち、これが三井水のひとつ清浄水です。ここから小道に入ると楊柳水が湧きます。もうひとつの吉祥水は裏門の北に湧いています。紀州に三つの井戸がある寺院という意味で紀三井寺と呼ばれるようになりました。境内に湧く三井水は環境省「名水百選」に選ばれています。

石段を上りきると正面に六角堂、左手に本堂、鐘楼、大師堂が並びます。境内からの眺望は絶景です。眼下に市街、そしてその向こうには和歌浦が眺望できるのです。また、境内は早咲きの桜の名所としても有名です。約500本の桜があり、開花は3月下旬。「近畿地方に春を呼ぶ寺」とされています。

ご本尊
十一面観音菩薩（じゅういちめんかんのんぼさつ）

1 西國第二番奉拜　2 救世殿　3 梵字キャの十一面観音とボラの梵天とイの帝釈天を表す印　紀三井山　4 紀三井寺　西國三十三所草創1300年　5 紀三井山　6 金剛寶寺

木造立像では日本最大の紀三井寺大千手十一面観音像

紀三井寺駅
JRきのくに線
135
135
紀三井寺
紀三井寺
42
154

DATA
山号／紀三井山
宗旨／救世観音宗総本山
住所／和歌山県和歌山市紀三井寺1201
交通／JR紀三井寺駅より徒歩10分
拝観／8～17時
拝観料／200円
URL www.kimiidera.com/
MAP：P.3　A-3

本堂は創建以来、数度の再建を繰り返してきた。現在の本堂は享保5（1720）年の再建。一重屋根の礼堂と二重屋根の正堂が結合した造り

厄除開運観音を祀る

粉河寺【こかわでら】

紀ノ川沿い、和歌山市と高野山の中間に位置
広大な境内には大小20余の堂塔が並びます

最寄り駅から大門まではにぎやかな門前町が続きます。金剛力士像が安置された大門から石畳の参道を行けば中門です。その先に建つ本堂は西国霊場中最大を誇るだけに重厚で壮大な建物です。

寺宝の「粉河寺縁起絵巻」は国宝。鎌倉初期に描かれた長さ約20mの絵巻です。絵巻によると宝亀元（770）年、大伴孔子古（おおとものくしこ）が千手観音の化身（童男大士（どうなんたいし））から観音像を賜り、草庵に安置したのが始まりです。その後、同じ千手観音の化身が河内国の長者の娘の重病を治癒し、命を救ったとあります。

こうした縁起にちなみ厄除開運、病気平癒の観音として信仰されてきました。鎌倉時代には七堂伽藍、東西南北それぞれ約4kmもの境内を有したとされますが、天正13（1585）年、豊臣秀吉の兵乱に遭い、焼失。江戸時代になり、紀州徳川家の庇護を受け、現在の堂塔が再建されました。

①西國第三番奉拝　②大悲殿　③千手観音を表す梵字キリークの周辺に梵字オン・バ・ザラ・ダ・ラマの寶印　粉河寺　④西國三十三所草創千三百年粉河寺 童男さん　⑤粉河寺　⑥粉河寺印

ご本尊
千手千眼観世音菩薩（せんしゅせんげんかんぜおんぼさつ）

DATA
山号／風猛山
宗旨／粉河観音宗総本山
住所／和歌山県紀の川市粉河2787
交通／JR粉河駅より徒歩15分
拝観／8～17時
拝観料／無料
URL www.konakawadera.org/
MAP：P.3　A-3

日本唯一花山法皇足守馬頭観音（右）と日本唯一方違大観音（左）

施福寺【せふくじ】

札所中、難関のひとつ

金剛山、大阪湾を望む眺望のよい境内
仁王門から境内までは登り道が続きます

欽明天皇勅願として、538年の仏教公伝の少し後に加古川から来た加古の行満によって創建されました。古くは航海の安全と戦勝を祈願する所で、奈良時代には芳停（ちぬ）の山寺として栄え、平安時代には第18代天台座主慈恵大師良源の高弟覚超僧都を天台宗の学僧としてこの山から輩出しました。戦国時代に堂宇が焼失し、慶長9（1604）年に豊臣秀吉の七回忌の法要に合わせて淀の方と豊臣秀頼が本尊の丈六の弥勒菩薩を寄進しました。右脇の文殊菩薩、左脇の札所本尊である十一面千手千眼観世音菩薩や四天王とともに祀られています。また、日本唯一花山法皇足守の馬頭観音や日本唯一方違大観音など多数の仏像が拝観できます。

春は紅しだれ桜、夏にかけてはシャガやシャクナゲ、ウバユリなどが咲く花の寺であり、秋には美しい紅葉も楽しめるお寺です。

1 西國第四番奉拝　2 大悲殿　3 佛法僧寶　4 西國三十三所 槙尾山 施福寺 草創千三百年　5 施福寺

ご本尊
十一面千手千眼観世音菩薩

DATA
山号／槙尾山　宗旨／天台宗
住所／大阪府和泉市槙尾山町136
交通／南海バス「槙尾中学校前」バス停下車後、シャトルバス乗換、徒歩30分
拝観　8〜17時（12〜2月16時）
拝観料　500円
MAP:P.3　A-3

諸堂宇は明応2（1493）年の兵火、永正7（1510）年の地震で崩壊。四脚門は慶長6（1601）年、南大門は寛政8（1796）年の再建

千手観音像は国宝

聖武天皇が千手観音を作らせ、行基が開眼
天平彫刻の粋を集めた観音像は国宝に指定

葛井寺【ふじいでら】

ご本尊、十一面千手観音は神亀2（725）年の造立。粘土で作った像の原形に麻布を貼り、漆で固めたあとに中の粘土を抜くという脱活乾漆造で造形されています。千手観音像は42本の手が一般的ですが、葛井寺の千手観音像は異なります。胸の前で合掌する2手のほか、背後には仏具を持つ大手、クジャクの羽のように広がる小手、合わせて1041本もの手があるのです。手の一部には墨線で描かれた眼が残ることから、すべての手に眼が描かれていたと思われます。

日本に現存する観音像で最古のひとつ、また実際に千の手をもつ像は唯一といえる希少な像です。通常は秘仏ですが、毎月18日と8月9日の千日参りの日に開帳されます。

境内には延享元（1744）年から30年をかけて完成した本堂や、豊臣秀頼が建立した四脚門（西門）等が並びます。

1 西國第五番奉拝　2 大悲殿　3 梵字キリークの千手観音を表す印＋葛井寺　4 西國三十三札所　第五番　葛井寺　開創一三〇〇年　慈悲の道　5 葛井寺納経印

ご本尊

十一面千手千眼観世音菩薩（じゅういちめんせんじゅせんがんかんぜおんぼさつ）

藤井寺駅
近鉄南大阪線
190
三菱UFJ銀行
葛井寺
辛國神社
藤井寺西小

DATA
山号／紫雲山　宗旨／真言宗
住所／大阪府藤井寺市藤井寺1-16-21
交通／近鉄藤井寺駅より徒歩3分
拝観／自由、御開帳時間9時～16時30分
拝観料／境内無料、御開帳日本堂拝観500円
URL www.fujiidera-temple.or.jp/
MAP：P.3　A-3

壺阪寺の通称で知られる

大和三山、奈良盆地を見渡す山頂に位置
清少納言『枕草子』にも大寺として記載

南法華寺

【みなみほっけじ】

ご本尊
十一面千手千眼観世音菩薩

寺が建つ山の斜面には、インド天竺より渡来した白い石仏が立ち、荘厳で安らいだ空気が感じられる

地元でさえも正式名称の南法華寺より、〝壺阪寺〟という通称で知られています。開創は大宝3(703)年。弁基上人が所持する水晶の壺に観音像が写し出され、その像を彫り、安置したのが最初とされます。平安時代には貴族の参拝が盛んになり隆盛を誇りました。清少納言の『枕草子』にも大寺と書かれているほどで、その当時から眼病治癒の観音様として信仰を集めていたといいます。壺阪寺という寺名を一躍有名にしたのは明治初期に上演された人形浄瑠璃『壺坂霊験記』でした。この物語は壺阪寺を舞台に盲目の夫沢市の目を治そうと祈願する妻お里の献身と夫婦愛を描いたもの。歌舞伎、浪曲にもなり全国的に広まったのです。境内は標高300mの壺阪山中腹に広がり、講堂、仁王門、多宝塔、三重塔や釈迦の一代記を彫った石像の大レリーフなどが点在しています。

国指定重要文化財の三重塔

1 西國第六番奉拝　2 聖悲殿　3 梵字キリークの千手観音を表す印　4 壺阪寺慈顔西国三十三所草創1300年　5 壺阪寺＋壺阪山南法華寺

壺阪山駅
近鉄吉野線
169
清水谷
119
南法華寺
(壺阪寺)

DATA
山号／壺阪山　宗旨／真言宗単立
住所／奈良県高市郡高取町壺阪3
交通／近鉄線壺阪駅下車後バス15分「壺阪寺」バス停下車
拝観／8時30分～17時
拝観料／600円
URL www.tsubosaka1300.or.jp/
MAP：P.3　B-3

日本最初の厄除霊場

明日香村の東、岡山の中腹に位置
天智天皇の勅願により義淵僧正が建立

岡寺【おかでら】

江戸後期の再建で入母屋造の本堂。本堂前の龍蓋池には龍が封じ込められているという言い伝えがある

正式名称を龍蓋寺（りゅうがいじ）といいますが、岡山にあるため、親しみを込めて岡寺と呼ばれてきました。山に住み、村を荒らす龍を義淵僧正が法力で池に封じ、蓋をしたので龍蓋寺というのだそうです。

最寄りのバス停から急勾配の上坂を行くと仁王門、ここから本堂へは石段を上ります。途中、樹齢500年のサツキが見事な枝を広げています。本堂に入ると正面に高さ4m以上もの如意輪観音像がそびえます。その大きさには誰もが驚くはず。鎌倉初期に書かれた『水鏡』に厄年には岡寺へ参拝するとあり、その頃、すでに厄除霊場として知られていたと推測できます。本堂の前には小さな池があります。この水底に龍が封じ込められているのです。

池から参道を上がると奥之院です。境内にはシャクナゲ、モミジが多く、季節には華やかな景色を見せてくれます。

本尊の如意輪観音坐像

①西國第七番奉拝　②厄除大悲殿　③梵字キリークの如意輪観音を表す印　④西国三十三所　草創1300年　岡寺　⑤岡寺　⑥龍蓋寺

DATA
山号／東光山　宗旨／真言宗
住所／奈良県高市郡明日香村岡806
交通／奈良交通バス「岡寺前」バス停より徒歩10分
拝観／8〜17時(12〜2月16時30分)
拝観料／400円
URL www.okadera3307.com/
MAP:P.3　B-3

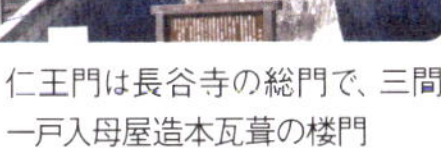

国宝の本堂は断崖絶壁に造られた南向きの大殿堂

ボタンが華麗な総本山

長谷寺【はせでら】

ご本尊は木造としては、わが国最大
緩やかな登廊を上れば舞台造の本堂です

門前町を抜けると目の前に仁王門が立ちます。仁王門は明治27（1894）年の再建、ここから本堂までは399段の石段が緩やかな傾斜で続く登廊を上ります。登廊の両側に広がるのはボタン園です。5月には150種7000株ものボタンが咲き誇り、それは華麗な景観を見せてくれます。

本堂は東大寺大仏殿に次ぐ大きさ、崖にせり出した舞台からは緑濃い山々が見渡せ、初夏には新緑の涼やかな光景、厳冬の降雪期には墨絵を思わせる幽玄な世界が眼下に展開します。ご本尊は像高約10m、天文7（1538）年の造立です。右手に錫杖と念珠、左手に水瓶を持った独特の姿は観音と地蔵菩薩の徳を併せもち、慈悲の心をもって人々を苦しみから救済するとされています。『枕草子』『源氏物語』『更級日記』等の古典作品にたびたび登場する名利です。

1 西國第八番奉拝　2 大悲閣　3 梵字キャの十一面観音を表す印　4 長谷寺　西国三十三所草創1300年　5 長谷寺　6 長谷寺本堂院

DATA
山号／豊山
宗旨／真言宗豊山派総本山
住所／奈良県桜井市初瀬731-1
交通／近鉄長谷寺駅より徒歩15分
拝観／8時30分～17時（秋期・冬期は異なる）
拝観料／500円
URL www.hasedera.or.jp/
MAP：P.3　B-3

猿沢の池に五重塔が映る風景は奈良らしい景観のひとつ

南円堂は寛政元（1789）年の再建。本瓦葺きの八角堂。堂内には本尊と四天王像、法相六祖像が安置されている。基壇造営には弘法大師が関わったと伝わる

本尊は康慶の作

南円堂は藤原冬嗣が父の冥福を祈り建立
西国三十三所で本尊が不空羂索観音は唯一

興福寺 南円堂
【こうふくじ なんえんどう】

ご本尊
不空羂索観音（ふくうけんさくかんのん）

です。興福寺は京都に天智8（669）年に建立された山階寺が最初とされ、和銅3（710）年、平城遷都がされると、藤原不比等が現在地に移し、興福寺と名づけました。

囲いのない広い境内には鹿が遊び、東金堂、北円堂、南円堂、五重塔などの諸堂宇が並びます。南円堂は弘仁4（813）年の開創ですが、現在のお堂は江戸時代の再建です。堂内に安置された本尊不空羂索観世音は人々を苦しみから救い、すべての願いをかなえてくれるという観音様。高さ約3mの観音像は鎌倉初期の作で運慶の父、康慶が彫った寄木造りの座像です。このほか、興福寺には国宝や重要文化財に指定されている仏像が数多くあり、有名な阿修羅像、天燈鬼・龍燈鬼像などは境内の国宝館に安置されています。

①西国第九番印 奉拝　②南円堂　③梵字ボの不空羂索観音を表す印　④興福寺　⑤興福寺南円堂印

南円堂の散華

DATA
山号／なし　宗旨／法相宗大本山
住所／奈良県奈良市登大路町48
交通／近鉄奈良駅より徒歩7分
拝観／国宝館・東金堂は9～17時、境内自由
拝観料／国宝館700円、東金堂300円
URL www.kohfukuji.com/
MAP：P.2　D-3

長谷寺開山徳道上人御廟所

西国観音霊場の創始者徳道上人が開山
本尊は上人自作とされる徳道上人像です

法起院【ほうきいん】

本堂は元禄8（1695）年の再建。北向きに建てられているのは長谷寺の観音像に正対していると思われる。軒には長谷寺の回廊と同じ灯籠が下がる

長谷寺への参道を歩き、右手に入るとその奥に小さな山門があります。法起院は長谷寺の塔頭のひとつ、こぢんまりとした境内には本堂、庚申堂、弁天堂などが並びます。どの堂宇も小ぶりで威圧感を感じさせることなく、よく整った境内は安らぎに満ちています。

開基の徳道上人は長谷寺の観音像を造立したことでも知られます。上人は晩年をこの法起院で過ごし、天平7（735）年、80歳で入滅したとされます。入滅の際、上人は松に登り、法起菩薩と化して天に昇ったと伝わり、そのとき、沓を脱いだという「上人沓脱ぎ石」が今も残り、これに触れると願いごとがかなうとか。本堂に安置されているご本尊は上人が自ら彫ったという徳道上人像で、その表情は優しく穏やかです。本堂左手に建つ十三重の石塔は上人の供養塔。毎年3月2日には上人の命日廻向が行われます。

葉の裏に尖ったもので書くと文字が浮かび上がるハガキの木

1 西國三十三霊場開基徳道上人奉拝　2 開山堂　3 閻魔大王を表す梵字エン　4 法起院　5 閻魔大王の西国三十三所草創一三〇〇年記念印　大和国長谷寺開山坊

ご本尊

徳道上人

DATA

山号／豊山　宗旨／真言宗豊山派
住所／奈良県桜井市初瀬776
交通／近鉄長谷寺駅より徒歩15分
拝観／8時30分～17時（12月1日～3月19日9時～16時30分）
拝観料／無料
URL www.houkiin.or.jp/
MAP：P.3　B-3

西国三十三所で会える観音様

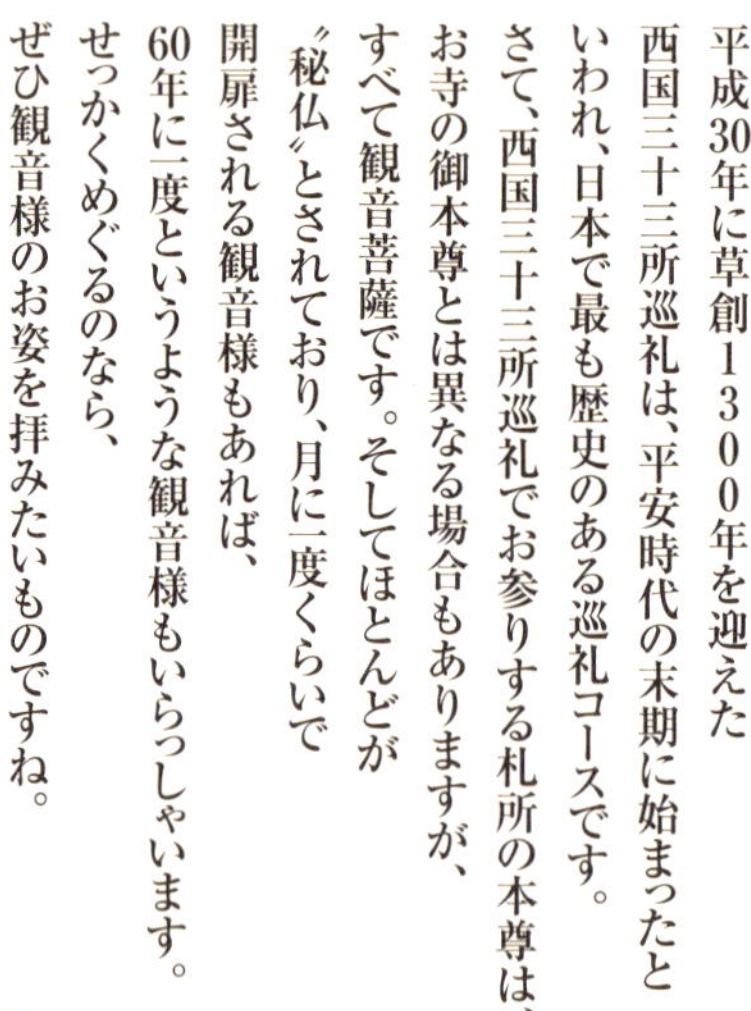

平成30年に草創1300年を迎えた
西国三十三所巡礼は、平安時代の末期に始まったといわれ、日本で最も歴史のある巡礼コースです。
さて、西国三十三所巡礼でお参りする札所の本尊は、お寺の御本尊とは異なる場合もありますが、すべて観音菩薩です。そしてほとんどが〝秘仏〟とされており、月に一度くらいで開扉される観音様もあれば、60年に一度というような観音様もいらっしゃいます。
せっかくめぐるのなら、ぜひ観音様のお姿を拝みたいものですね。

西国三十三所の観音様たち

観音菩薩は、お顔がひとつで腕が2本（一面二臂）の聖観音から、十一面観音、千手観音、如意輪観音といった、さまざまに変化された観音様があります。

西国三十三所で会える観音様で最も多いのは、千の手をもつ千手観音です。どのような人もすべて手を差し伸べ救済する力を表しているといわれます。西国では15のお寺で会うことができます。

十一面観音には7つのお寺でお目にかかれます。特に8番札所長谷寺の十一面観音は、高さが10メートル以上ある大きな観音様で、右手に錫杖を持っており「長谷寺式」として知られています。

次に多いのが如意輪観音で6ヵ寺におられます。なかでも13番札所の石山寺の如意輪観音は有名ですが、秘仏とされ33年に一度しか開扉されません。

このほか、聖観音は4ヵ寺、馬頭観音1ヵ寺、准胝観音が1ヵ寺、不空羂索観音1ヵ寺となっています（全部で35となるのは、31番長命寺の御本尊が「千手十一面聖観音三尊一体」とされ、千手観音、十一面観音、聖観音の3体を御本尊としているからです）。

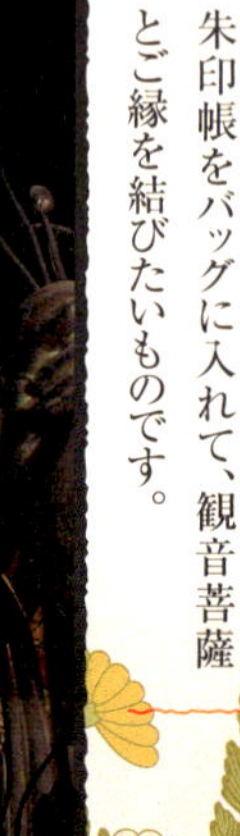

貴重な文化財

歴史が古い西国三十三所の観音様は、どれも貴重な文化財でもあります。例えば5番札所葛井寺の千手観音は、国内にある千手観音像のなかでは最も古いもののひとつで、国宝に指定されています。また9番札所興福寺南円堂の不空羂索観音は、仏師康慶の作でこちらも国宝です。

このほかにも西国三十三所では草創1300年を記念して、普段めったに拝観できない仏像や寺宝などが公開されます。ぜひこの機会に、御朱印帳をバッグに入れて、観音菩薩とご縁を結びたいものです。

三室戸寺【みむろとじ】

大庭園にはツツジ、アジサイが咲き誇ります。
周辺は『源氏物語』宇治十帖の舞台となりました。

京都の花寺としても有名

朱色の山門、本堂へと続く参道の右手には5千坪もの広さを誇る大庭園が広がります。園内には2万株のツツジ、50種1万株のアジサイが植えられ、花期には華麗な景色が楽しめます。夏には本堂前の「蓮園」に100種のハスが咲き、それは見事。秋になれば鮮やかな紅葉が境内を彩ります。四季の花々が絶えることなく咲く、まさに花寺です。

宝亀元（770）年、光仁天皇の勅願により開かれ、以来、皇族、貴族に篤く信仰され、平安時代には諸堂宇が整う大寺となりました。しかし、寛正3（1462）年、食堂より出火し、伽藍を焼失、その後、再建を繰り返し、現在の本堂は文化11（1814）年の建造です。本堂前には御影石造りの福徳兎像、撫でると金運に恵まれるという宇賀神像があります。授与所では、きれいなアジサイを模した、ハート型のお守りが人気です。

江戸時代に再建された本堂には本尊のほか、釈迦如来、阿弥陀三尊、毘沙門天が祀られている。本尊は秘仏で御開帳は33年に1度。本堂東には三重塔が建つ

①西國第十番奉拝　②大悲殿　③梵字キリークの千手観音を表す印　④三室戸寺　⑤三室戸寺

ご本尊

千手観世音菩薩（せんしゅかんぜおんぼさつ）

DATA
山号／明星山　宗旨／本山修験宗
住所／京都府宇治市菟道滋賀谷21
交通／京阪三室戸駅より徒歩15分
拝観／8時30分〜16時30分（11〜3月16時）拝観最終受付は閉門30分前
拝観料／500円（アジサイ園開園期間は800円）
URL https://www.mimurotoji.com/
MAP：P.3　B-2

上醍醐には堂宇が点在。その中心となるのが延喜13（913）年に建立の薬師堂。ほかに桃山時代に建立された重文の如意輪堂や開山堂などが建つ

醍醐山の名水、醍醐水の井戸

醍醐山山頂に位置

醍醐山山頂付近の上醍醐は醍醐寺開創の地
国宝や重文に指定された堂宇が長い歴史を感じさせます

上醍醐・准胝堂（醍醐寺）

【かみだいご・じゅんていどう（だいごじ）】

ご本尊
准胝観世音菩薩（じゅんていかんぜおんぼさつ）

山頂にある上醍醐へは下醍醐から約1時間。参道は急な坂が続き、三十三所の中で最も苦労を伴います。途中、秀吉が花見を行った場所や不動の滝等を経て、しばらく進むと霊水の湧く井戸があります。貞観16（874）年、湧き出る水を「醍醐味なるかな」と言って飲み干す翁姿の横尾明神からこの地を譲られた理源大師聖宝が、准胝、如意輪の両観音を祀り、醍醐寺は始まりました。

井戸の近くにある清瀧宮本殿と拝殿（国宝）を見ながら石段を登ると准胝堂の跡地に出ます。平成20（2008）年8月、落雷で焼失しました。現在三十三所の御朱印は、下醍醐の観音堂で受けることができるため、ここまで登る人は少ないようです。

跡地から少し登ると、平安時代の建造物である薬師堂（国宝）。さらに標高450mの山頂まで行くと、豊臣秀頼が再建した開山堂（重文）、如意輪堂（重文）にお参りすることができます。

山頂までの道のりは険しく苦労しますが、上醍醐の霊気は疲れを忘れさせ、朱印を授かるだけでは味わえない満足感を十分に与えてくれるでしょう。

①西國第十一番奉拝　②根本准胝尊　③梵字ボの准胝観音を表す印　④西国三十三所　醍醐寺准胝尊　草創一三〇〇年　⑤醍醐寺　⑥醍醐寺

小野駅
地下鉄東西線
醍醐寺
観音堂（現在の納経所）
醍醐駅
782
成身院女人堂
醍醐和泉
36
准胝堂跡

DATA
山号／深雪山　宗派／真言宗醍醐派総本山
住所／京都府京都市伏見区醍醐東大路町22
交通／JR京都駅より京阪（山科急行）バスで約30分、「醍醐寺」バス停下車
拝観／9～17時（冬季は16時30分）
拝観料／800円（春・秋は1500円）、上醍醐600円
URL https://www.daigoji.or.jp/
MAP：P.3　B-2

元正天皇勅願寺、通称岩間寺

後白河天皇をはじめ歴代天皇が信仰を寄せ
日本三大霊場のひとつとして隆盛を誇りました

正法寺【しょうほうじ】（岩間寺）（いわまでら）

ご本尊
千手観世音菩薩

大津市と宇治市の境にそびえる標高443mの岩間山中腹に位置します。養老6（722）年、元正天皇の病気平癒を祈祷し成就させた泰澄大師が開山しました。燈籠の並ぶ参道を行くと本堂に着きます。ご本尊は元正天皇の念持仏を胎内に納めた千手観音。この観音様は毎晩、人々を救済するため厨子を抜け出して走り回り、汗びっしょりになって戻ってくるので「汗かき観音」とも呼ばれています。また、この地は落雷が多かったのを泰澄大師が法力で鎮めたことから「雷除け観音」との別名もあります。

ボケ封じの祈願でも知られ、5月と10月の17日は「ぼけ封じ祈願会」のほうろく灸が行われ、12月17日は「ぼけ封じ大根炊き」が行われます。本堂と不動堂の間にある小さな池は松尾芭蕉ゆかりの池。有名な「古池や蛙飛び込む水の音」はこの池で詠まれたと伝わります。

本堂は天正5（1577）年の再建で、江戸時代に解体修理されている。東側には芭蕉ゆかりの池があり、池の近くには不動堂が建つ

①西国第十二番奉拝　②大悲殿　③梵字キリークの千手観音を表す印　④西国三十三所草創1300年岩間山正法寺　⑤岩間寺　⑥近江国岩間寺

DATA
山号／岩間山　宗旨／真言宗醍醐派
住所／滋賀県大津市石山内畑町82
交通／京阪石山駅より京阪バス15分、「中千町」バス停下車、徒歩50分、毎月17日は石山駅からシャトルバス運行
拝観／9時～16時30分　拝観料／500円
URL www.iwama-dera.or.jp/
MAP：P.3　B-2

天平19（747）年、聖武天皇の勅願により東大寺別当の良弁が開創。堂宇は焼失を繰り返し、豊臣政権の時代、淀君の寄進により、東大門、本堂などが再建、修理された。秋には月見亭から近江八景「石山の秋月」が楽しめ、「秋月祭」が行われる

『源氏物語』ゆかりの寺

瀬田川の西岸に位置する真言宗の大本山
平安時代には貴族たちが参籠に訪れました

石山寺【いしやまでら】

東大門を入ると樹木が茂る境内が広がります。桜並木の参道を行き、石段を上がると右手に観音堂。如意輪観音を中心に西国三十三所霊場の観音像が祀られています。石段を上った正面にある岩石群は硅灰石で石灰岩と花崗岩と接触した際に変質したもの。この岩盤の上に諸堂宇が建っているのです。そこから石山寺という名称がつきました。硅灰石群の向こうには木立に囲まれ、国宝の多宝塔が見えています。本堂は滋賀県最古の木造建築物とされ、内陣（正堂）と外陣（礼堂）を相の間でつなぐ複合建築になっています。内陣に安置されている二臂如意輪観世音菩薩は日本で唯一の勅封秘仏で御開帳は33年に一度です。相の間の東端にある部屋は紫式部が参籠し、『源氏物語』を起草した場所と伝わります。本堂から月見亭まで登れば瀬田川と琵琶湖の絶景が望めます。

①西國十三番奉拝　②大伽藍　③梵字タラークの如意輪観音を表す印　石山寺　④西國三十三所草創1300年　石山寺　⑤石山寺　⑥石山寺之印　※無断転載・複製を禁じます

ご本尊
二臂如意輪観世音菩薩

DATA
山号／石光山　宗旨／東寺真言宗
住所／滋賀県大津市石山寺1-1-1
交通／京阪石山寺駅より徒歩10分
拝観／8時～16時30分
拝観料／600円
URL www.ishiyamadera.or.jp/
MAP：P.3　B-2

鐘の音が有名な通称三井寺

琵琶湖南西の長等山中腹に境内が広がる
近江大津京ゆかりの古刹、天台寺門宗総本山

園城寺(三井寺)【おんじょうじ(みいでら)】

ご本尊
如意輪観世音菩薩

観音堂は元禄2（1689）年の再建

大友皇子の皇子大友与多王が父の菩提を弔うため、「田園城邑」を寄進して大津京に創建、天武天皇から「園城」という勅額を賜ったことが始まりとされます。それが三井寺と呼ばれるようになったのは天智・天武・持統天皇の産湯に使われたという霊泉があり、「御井の寺」と称されていたからといわれます。創建以来、たびたびの兵火に遭い、堂宇は焼失。現在の建物は鎌倉時代から桃山時代にかけての建造物です。観音堂は境内南東に位置します。小高い場所にあり、急な石段を上りますが、お堂から眺めるすばらしい展望が疲れを癒やしてくれるはず。眼下に大津市街、その向こうに琵琶湖の湖面が広がり、遠くには比良山、比叡連山までも見渡せるのです。堂内に奉納された絵馬のなかに観音堂再建や落慶の様子を描いたものがあります。札所の御朱印は観音堂で書いていただけます。

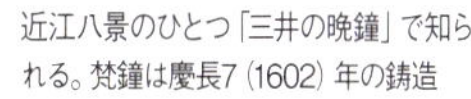
近江八景のひとつ「三井の晩鐘」で知られる。梵鐘は慶長7（1602）年の鋳造

1 西國十四番 奉拝　2 大悲殿　3 梵字キリークの如意輪観音を表す印 三井寺　4 西国三十三所草創一三〇〇年三井寺　5 三井寺　6 長等山三井寺

DATA
山号／長等山
宗旨／天台寺門宗総本山
住所／滋賀県大津市園城寺町246
交通／京阪三井寺駅より徒歩10分
拝観／8～17時
拝観料／600円
URL www.shiga-miidera.or.jp
MAP：P.3 B-2

9世紀初めに弘法大師を開基として創建。永暦元（1160）年、後白河法皇は熊野権現を勧請。以後、今熊野と呼ばれるようになった

熊野権現示現の伝説の聖地

今熊野観音寺

【いまくまのかんのんじ】

熊野権現の化身から十一面観音を授けられた弘法大師が一堂を建立し安置したとされます

泉涌寺参道から左に折れ、坂を下ると緑の中に鮮やかな朱色を見せる鳥居橋があります。橋を渡り、参道を歩けば渓流のせせらぎや鳥の声が聞こえ、古来、この地が聖域とされていたことが実感できるでしょう。山門を入り、少し行くと子護大師像が立ちます。石段を上がると五智の井。弘法大師が錫杖で岩をうがつと湧出したとされる五智水が井戸水として湧いています。その向こうに本堂があります。大師が熊野権現と会った聖地とされ、堂内には大師作と伝わる観音像が秘仏として安置されています。脇仏は智証大師作という不動明王、運慶作と伝わる毘沙門天です。平安末期、後白河法皇が頭痛平癒を本尊に祈願すると成就したことから、「頭の観音さん」とされ、頭痛平癒、厄除けの観音様として信仰されています。境内には稲荷社、熊野権現社、多宝塔が建ちます。

①西國十五番奉拝　②大悲殿　③梵字キリークの十一面観音を表す印　④観音寺　⑤西國三十三所草創千三百年　⑥役者

ご本尊

十一面観世音菩薩（じゅういちめんかんぜおんぼさつ）

DATA

山号／新那智山　宗旨／真言宗

住所／京都府京都市東山区泉涌寺山内町32

交通／市バス「泉涌寺道」バス停より徒歩10分

拝観／8～17時

拝観料／無料

URL www.kannon.jp/

MAP：P.2　D-2

清水の舞台で知られる

清水寺【きよみずでら】

京都の東、音羽山中腹に広がる広大な境内に国宝・重文を含む30以上の伽藍が並びます

奈良で修行を積んだ僧賢心は霊夢により、音羽山で滝を見つけ、老仙人と出会います。仙人は霊木を授け、観音像を彫るように伝えると姿を消しました。2年後、山を訪ねた坂上田村麻呂は賢心に会い、観音像を本尊とする寺院を建立、清水寺と名づけたのです。今から1200年以上前の話です。伽藍は度重なる火災に遭い、現在の堂宇はほとんどが寛永10（1633）年前後の再建。本堂は「懸造り」と呼ばれる建築法で音羽山の崖に建築されています。舞台の高さは約13m、4階建てのビルに相当します。堂内には約50の絵馬がありますが、なかで角倉了以の貿易船を描いた絵馬は重要文化財、縦2m以上、横3m以上の大きさです。本堂から参道を下ると音羽の滝が流れ落ちています。延命水の御利益にあずかろうと水を汲む人の行列が絶えることはありません。

13万m²の境内に堂宇が並び、国宝の本堂は檜皮屋根の葺き替えを行っている。三重塔は高さ31mで日本最大級

滝堂の向かいに納経所がある

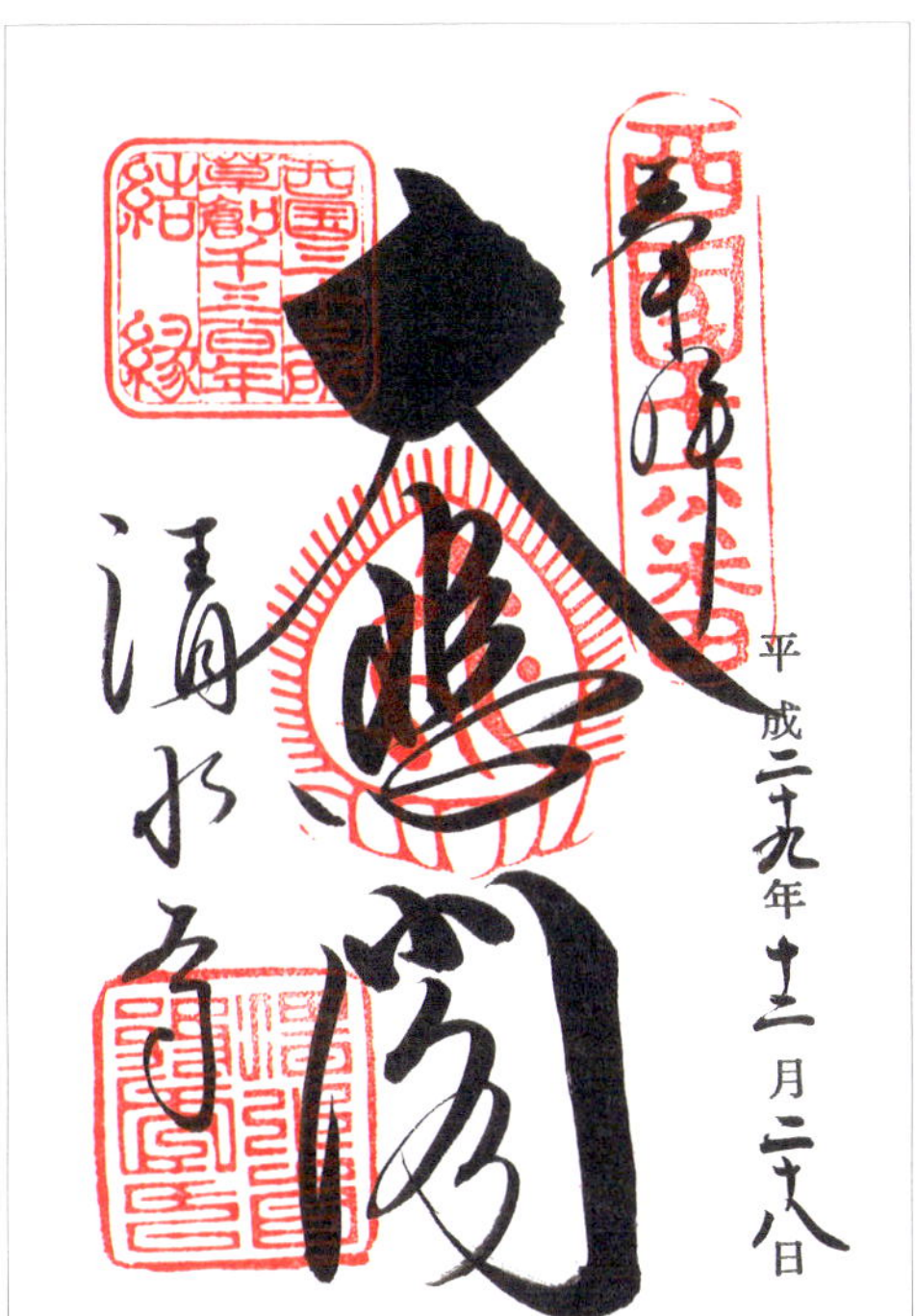

1 西國十六番奉拝　2 大悲閣　3 梵字キリークの千手観音を表す印　4 西国三十三所開創千三百年結縁　5 清水寺　6 清水寺聖堂印

ご本尊
十一面千手千眼観世音菩薩

DATA
山号／音羽山　宗旨／北法相宗大本山
住所／京都府京都市東山区清水1-294
交通／市バス・京都バス「五条坂」バス停下車、徒歩10分
拝観／6〜18時(季節により変更あり)
拝観料／400円
URL www.kiyomizudera.or.jp/
MAP：P.2　D-2

空也上人立像が有名

六波羅蜜寺【ろくはらみつじ】

開山の空也上人は醍醐天皇の皇子
常に民衆の中にあり、救済に努めました

ご本尊
十一面観世音菩薩（じゅういちめんかんぜおんぼさつ）

天暦5（951）年、京都に疫病が流行。村上天皇は空也上人に病気退散の命を下します。上人は十一面観音を刻み、車に安置して念仏を唱えながら市内を曳き回します。その際、病人を訪ね歩き、仏前に備えた特別なお茶に梅干しと結び昆布を入れたものを飲ませると悪病は鎮まったのです。上人は死者を弔うため、お堂を建て十一面観音を祀りました。それがこの寺の始まりです。民衆救済のため、市内を歩いた姿を表したのが空也上人立像です。念仏を唱えると口から6体の阿弥陀が現れたという伝承に基づく像は教科書でも紹介され、写真を目にしたことがあるはず。左手には鹿の角を差した杖を持っていますが、猟師に射殺された鹿を憐れみ、角を杖にしたそうです。この像は鎌倉時代の作で仏師運慶の四男康勝が彫った木造です。本堂裏手にある宝物館で拝観できます。

本堂は貞治2（1363）年の修営。宝物館には空也上人立像、平清盛坐像、運慶坐像等の重文が数多く安置されている

①西國十七番奉拝　②六波羅堂　③梵字キャの十一面観音を表す印　④西国三十三所草創1300年六波羅蜜寺　⑤執事　⑥六波羅堂

清盛供養塔

DATA
山号／補陀洛山　宗旨／真言宗智山派
住所／京都府京都市東山区五条通大和大路上ル東
交通／京都市バス「清水道」バス停下車、徒歩7分、阪急河原町駅より徒歩15分
拝観／8～17時 宝物館8時30分～16時30分
拝観料／宝物館600円
URL www.rokuhara.or.jp/
MAP：P.2　D-2

境内に建つ10階建てのWEST18には展望エレベーターがあり、これに乗ると六角堂の六角形をした屋根がよく見える。鎌倉時代初め、親鸞が参籠した

六角さんの愛称で親しまれる

頂法寺【ちょうほうじ】

愛称は本堂が六角形をしていることに由来
華道家元池坊が代々、住職を務めてきました

用明天皇2（587）年、聖徳太子によって開かれました。太子の念持仏である如意輪観音を六角形のお堂を建て祀ったのが最初と伝わります。本堂は明治10（1877）年の再建、正面から見ても六角形とはわかりません。

山門をくぐると右前方の敷石の中央に六角形の石があります。「へそ石」と呼ばれる石で、ここが京の町の中心〝へそ〟であるとか、本堂古跡の石であるとか、いわれています。

本堂の裏手に回ると太子堂と池があります。この池は聖徳太子が身を清めた沐浴の古跡。池のほとりに僧坊を建てたので池坊と呼ばれるようになりました。住職の池坊は仏前に備える花に工夫を凝らし、それが室町時代の「いけばな」成立にいたったのです。

境内には家元道場があり、4月中旬、11月中旬には内部を公開、家元の作品をはじめとする「いけばな」が並びます。

1 西國十八番奉拝　2 六角堂　3 梵字キリークの如意輪観音を表す印　4 西国三十三所草創1300年　いけばな発祥の地六角堂　5 頂法寺　6 六角堂

ご本尊

如意輪観世音菩薩（にょいりんかんぜおんぼさつ）

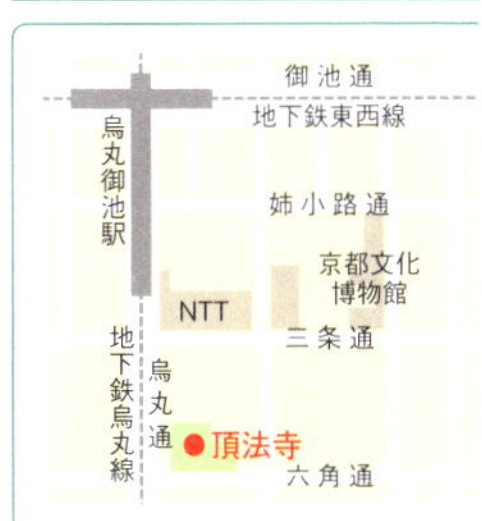

DATA

山号／紫雲山　宗旨／単立

住所／京都府中京区六角東洞院西入堂之前町

交通／地下鉄烏丸御池駅より徒歩3分、阪急京都線烏丸駅より徒歩5分

拝観／6～17時（御朱印受付8～17時）

拝観料／無料

URL www.ikenobo.jp/

MAP：P.2　D-2

革堂観音とも呼ばれる

行願寺【ぎょうがんじ】

開基の行円上人は藤原道長が帰依
上人が自ら彫った秘仏がご本尊です

本堂は京都市指定有形文化財。本尊は秘仏で毎年1月中旬に御開帳がある。また「幽霊絵馬」も有名で毎年8月下旬に公開される

行願寺というより革堂（こうどう）という名称で知られ、お寺の位置を示す石柱にも「一条かうだう（こうどう）」と彫られています。行円（ぎょうえん）上人は若い頃、狩猟を趣味にしていました。ある日、身ごもった鹿を射ると鹿は苦しみながらも子鹿を産み、絶命。その様子を見た上人は改心し、仏門に入ります。そして、母鹿の革を常に身につけたといいます。それが革堂と呼ばれるゆえんです。また、上人は革聖（かわひじり）ともいわれます。

住宅や店舗が並ぶ寺町通沿いに山門は建ちます。門のすぐ向こうが本堂です。寛弘元（1004）年の開創以来、移転や火災に遭い、現在地に落ち着いたのは宝永5（1708）年のこと。現在の本堂は文化12（1815）年の建立とされ、ご本尊は行円上人がツキの古木で彫った観音像と伝わります。境内には都七福神の寿老人を祀る寿老人神堂があります。

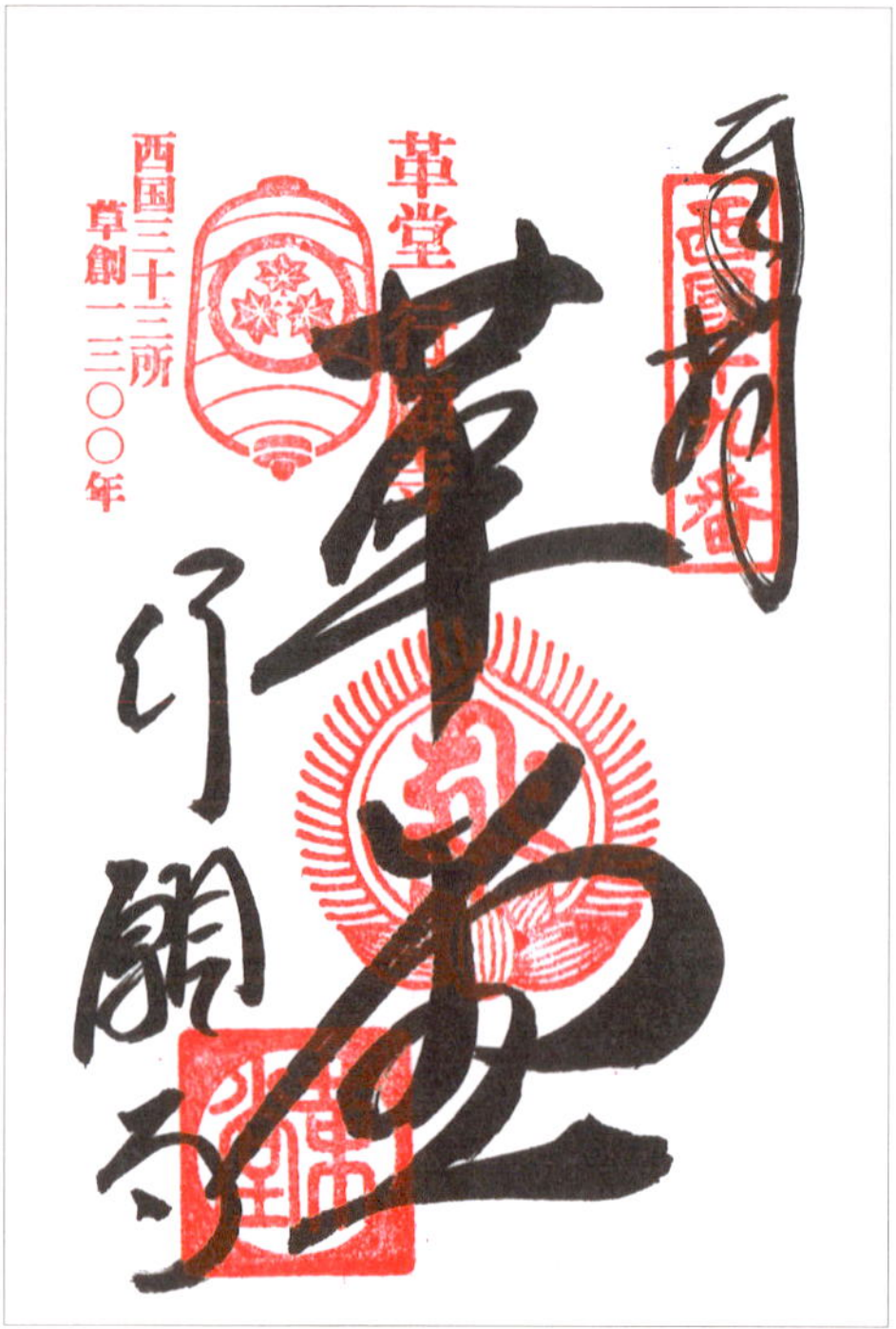

1 西國十九番奉拝　2 革堂　3 梵字キリークの千手観音を表す印　4 革堂行願寺　西國三十三所草創一三〇〇年　5 行願寺　6 革堂

ご本尊

千手観世音菩薩（せんじゅかんぜおんぼさつ）

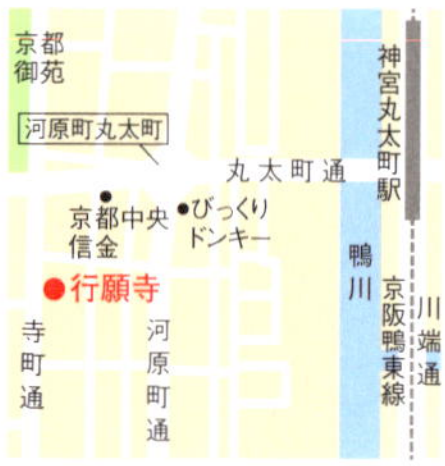

DATA

山号／霊慶山　宗旨／天台宗
住所／京都府京都市中京区寺町通竹屋町上ル行願寺門前町17
交通／京都市バス「河原町丸太町」バス停下車、徒歩3分、京阪神宮丸太町駅より徒歩15分
拝観／8～17時
拝観料／無料
MAP：P.2　D-1

3万坪という広大な境内に堂宇が点在。1周40分ほどで周遊できる。観音堂は入母屋式で元禄5（1692）年の再建。御朱印はここで頂ける

境内からの眺望が見事

京都西山の中腹に多宝塔など堂宇が点在
京都市街一望の雄大な眺望が楽しめます

善峯寺【よしみねでら】

ご本尊
千手観世音菩薩

比叡山の源算上人が長元2（1029）年に開きました。その後、後一条天皇が鎮護国家の勅願所とし、後鳥羽天皇より「善峯寺」の宸額を賜るなど皇室と深い関わりのある名刹です。白河天皇や後花園天皇が堂宇を寄進、室町時代には僧坊52に及ぶ大寺となりますが、応仁の乱で大半が焼失。江戸時代になり、5代将軍徳川綱吉の生母桂昌院により、現在の鐘楼・観音堂・薬師堂などが寄進されました。

急な石段を上ると楼門形式の山門、さらに上がると観音堂があります。観音堂から鐘楼、護摩堂とめぐり、少し石段を上がると見事な松が濃緑の枝を伸ばしています。樹齢600年と伝わる遊龍の松です。全長37m、国の天然記念物に指定されています。多宝塔、釈迦堂を参拝し、薬師堂に着くと眼下には京の町並みから鞍馬山、葛城山まで見渡せる絶景が広がります。

1 西國二十番奉拝　2 大悲殿　3 梵字キリークの千手観音を表す印　4 西国三十三所叢創一千三百年結縁　5 よし峯寺　6 善峰教寺

おちないお守り

733
京都縦貫自動車道
十輪寺
西向日駅
208
善峯寺

DATA
山号／西山　宗旨／天台系単立
住所／京都府西京区大原野小塩町1372
交通／JR向日町駅・阪急東向日駅より阪急バス30分、「善峯寺」バス停下車徒歩8分、向日町・東向日駅より徒歩2時間
拝観／8～17時　拝観料／500円
URL www.yoshiminedera.com/
MAP：P.3　B-2

諸病を治す「なで仏」を安置

亀岡市街の南西、田園風景の中に建つ
多宝塔を借景にした庭園がすばらしい

穴太寺【あなおじ】

車道に面して17世紀中期の建造とされる仁王門が建ち、門をくぐると右手に鐘楼、左手には多宝塔があります。

多宝塔は文化元（1804）年の建造で亀岡市では唯一の木造の塔です。その先に堂々とした瓦屋根の本堂があります。堂内に入ると、まず目に入るのは釈迦如来の涅槃像かもしれません。ハスを枕にして横たわる像は鎌倉後期の作とされ、明治29（1896）年、本堂の屋根裏で見つかったといいます。この像をなでると病気が治るとのことで、大勢の人がなでたのでしょう。像は茶褐色につるつると光っています。ご本尊にお参りを済ませてからなでてください。本堂と渡り廊下で続く円応院に行くと、庭園が広がります。池と植栽が調和した庭園は丹波名園のひとつです。本堂東側の念仏堂は宝永2（1705）年の建立、京都府登録文化財に指定されています。

慶雲2（705）年、大伴古麿により創立。庭園は江戸中期から末期にかけての手法を伝えている。安寿と厨子王の物語ゆかりの寺でもある

①西國廿一番奉拝　②聖大悲殿　③梵字サの聖観音を表す印
④穴太寺　西国三十三所草創1300年　⑤穴太寺　⑥穴穂

DATA
山号／菩提山　宗旨／天台宗
住所／京都府亀岡市蘇我部町穴太東ノ辻46
交通／JR亀岡駅から京阪京都交通バスで「穴太口」バス停下車、徒歩10分
拝観／8～17時　拝観料／500円
MAP：P.3　A-2

花山法皇ゆかりの寺

桓武天皇の孫、遍昭僧正が開基とされ、西国巡礼の中興、花山法皇が出家した古刹

元慶寺【がんけいじ】

創建以来、大寺として栄えたが応仁の乱で被災。現在の建物は安永（1772～81）年間の再建とされる。毎月8日は写経会を開催（有料）

遍昭僧正が貞観10（868）年、定額寺として建立、元慶元（877）年には清和天皇の勅願寺となり、元慶寺と改めました。開山の遍昭僧正は六歌仙のひとり。「天津風 雲のかよい路 吹きとじよ 乙女の姿 しばしとどめん」は百人一首にも採用され、特に有名です。

寛和2（986）年、花山天皇は急逝した女御の菩提を弔うため、この寺で出家し、法皇となりました。19歳の若さでした。この出家については政権掌握を狙う藤原兼家の謀略ともされています。法皇は出家後、300年近く絶えていた西国札所巡礼の復興に尽力したと伝わります。鐘楼門をくぐると石畳の参道が続きます。その正面に納経所、本堂は左手にあります。本堂の扉を見ると菊の紋章。この寺が天皇家ゆかりの寺であることを示しています。堂内には開基の遍昭僧正の像も安置されています。

御本尊の薬師如来像

1 西國三十三所観音霊場巡禮開祖奉拝　2 花山法皇　3 菊紋梵字ベイの薬師如来と梵字アの日光菩薩と梵字シャの月光菩薩を表す印　4 元慶寺　5 華頂山元慶寺之印

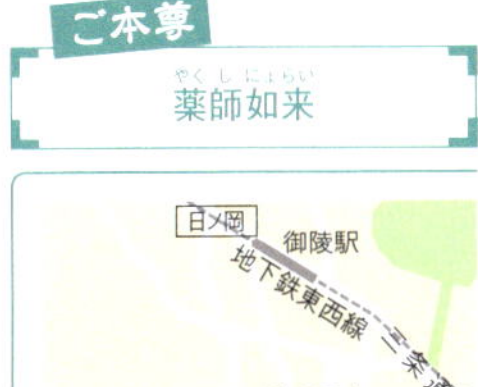

ご本尊

薬師如来（やくしにょらい）

DATA

山号／華頂山

宗旨／天台宗

住所／京都府京都市山科区花山河原町13

交通／地下鉄東西線御陵駅より徒歩20分

拝観／8～17時　拝観料／無料

MAP：P.3　B-2

西国三十三所縁起

西国三十三所の歴史

西国三十三所の第24番札所である紫雲山中山寺の縁起、「中山寺由来記」に、以下のような記述があります。

「養老2(718)年、徳道上人が62歳で亡くなったとき、閻魔大王から〝まだ死ぬことは許さない。巡礼によって人々を救うように〟という託宣を受け、三十三の宝印と起請文を授かった。徳道上人はよみがえって三十三の霊場を定めた」

2018年は、このときからちょうど1300年の年に当たります。西国三十三所の観音巡礼は、さまざまな日本各地の巡礼のなかでも、最も歴史のあるものなのです。

三十三所巡礼の始祖、徳道上人

「長谷寺縁起」などによれば、長谷寺の(本尊十一面観音を祀り、開山したとされる)徳道上人は、斉明天皇2(656)年に、播磨国(現在の兵庫県の一部)で生まれました。亡き父と母の菩提を弔うために21歳で出家され、天平5(732)年、聖武天皇の勅を奉じ、楠の霊木から三丈三尺六寸の十一面観音を造られ、これを本尊として大和国長谷寺を開創されたと伝えられます。

上人は晩年、長谷寺に近い法起院に隠棲されていたことから、法起院は西国番外札所となっています。

花山院による西国三十三所の復興

徳道上人の死後、西国三十三所は忘れられてしまいましたが、花山院によって再興されたと伝わります。

花山院は、冷泉天皇の第一皇子で第65代天皇です。出家して法皇となってから、徳道上人が石棺に納めた三十三の宝印を探し出して、自ら観音霊場三十三所を巡礼しました。現在の西国三十三所は、この花山院の巡礼が継承されているもので、花山院が巡礼の際にそれぞれの霊場で詠んだ和歌は、御詠歌として残っています。御廟所のある花山院菩提寺は、西国三十三所巡礼の番外霊場となっています。

西国霊場開祖
徳道上人像
(法起院蔵)

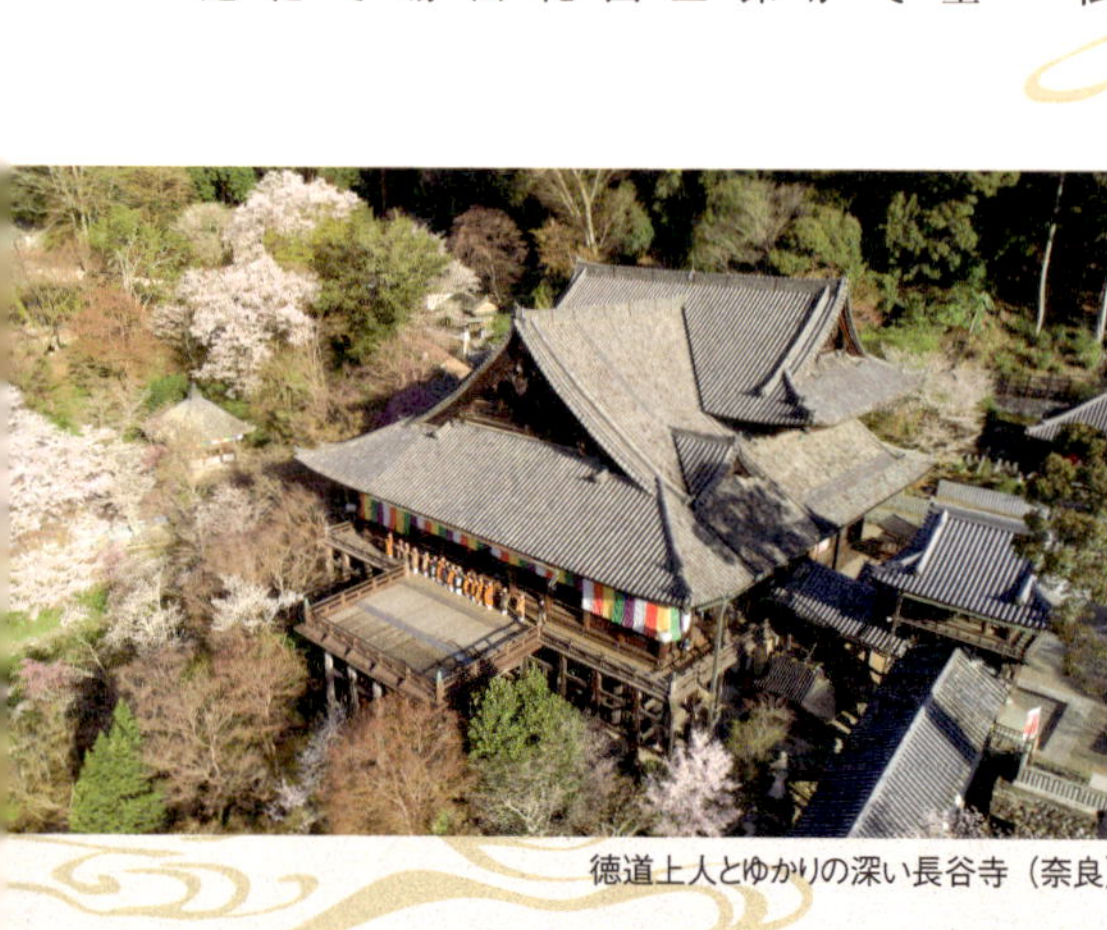

徳道上人とゆかりの深い長谷寺(奈良)

広い境内には本堂のほか、ぼけ封じ観音を祀る普悲観音堂や薬師如来を安置する金堂などが建つ

子育て・厄除観音

寛平2（890）年、藤原山蔭の創立
ご本尊は亀に乗った観音様として有名です

総持寺【そうじじ】

藤原山蔭の父高房は太宰府に赴任の途中、漁師に捕まり殺されそうになっていた亀を助けます。翌日、山蔭が継母の企みで川に落とされると助けた亀が背に乗せて山蔭の命を救ったのです。その後、成人した山蔭は香木に観音像を刻もうと仏師を探し、長谷寺の観音に祈ったところ、童子が現れ、亀に乗った観音像を彫ったと伝わります。それがご本尊の由来で、この物語は『今昔物語』にも記載があります。

ご本尊は秘仏で御開帳は毎年4月15日から21日です。開基の山蔭は料理の名人でもあり、本尊造立に際しては千日間にわたり、自ら料理をし、仏師に供えたとの故事から、庖丁道の祖ともいわれます。毎年4月18日には手を触れずに箸と庖丁だけで魚を捌く山蔭流庖丁式が行われます。

また、総持寺は「ぼけ封じ近畿十楽観音六番札所」でもあり、心身壮健を願う参拝も多くあります。

料理上達守
700円

ご本尊
千手観世音菩薩（せんじゅかんぜおんぼさつ）

DATA
山号／補陀落山　宗旨／高野山真言宗
住所／大阪府茨木市総持寺1-6-1
交通／阪急総持寺駅より徒歩5分
JR総持寺駅より徒歩5分
拝観／6～17時
拝観料／無料
URL sojiji.or.jp/
MAP：P.3　A-2

①西國第廿二番奉拝　②大悲殿　③梵字キリークの千手観音を表す印　④總持寺　⑤總持寺印

勝運の寺として有名

勝尾寺【かつおうじ】

奈良時代末期、善仲、善算の兄弟が草庵を構え、修行したのが始まりです

神亀4(727)年の創建と伝わり、最初は弥勒寺と称していました。その後、平安時代になり、清和天皇の病気平癒を祈り、回復したことで天皇から勝王寺の名を賜りましたが、寺では「王に勝つ」は恐れ多いと「勝尾寺」としたのです。寿永2(1183)年、兵乱に遭い、伽藍を焼失しますが、鎌倉時代には源頼朝が復興に尽力、堂宇を再建。その頃、すでに勝運の寺として有名で武将の信仰を集めていました。今では「人生のあらゆる場面に勝つ寺」として、知られ、境内の「勝ちダルマ奉納棚」には祈願成就のお礼に奉納されたダルマが山のように積まれています。淀君の建立とされる本堂は平成11(1999)年に修復工事が行われました。薬師堂、多宝塔などの堂宇が点在する境内は広さ8万坪。11月には全山が紅葉に彩られ、すばらしい景色を見せてくれます。

山門、本堂は慶長8(1603)年の再建。境内は桜、シャクナゲ、アジサイなど四季の花が美しい。紅葉のシーズンには境内のライトアップがある

①西國第廿三番奉拝 ②大悲殿 ③梵字キリークの千手観音を表す印 ④西国三十三所草創千三百年勝尾寺 ⑤勝尾寺 ⑥應頂山勝尾寺

勝ち運ダルマ

DATA
山号／応頂山
宗旨／高野山真言宗
住所／大阪府箕面市勝尾寺
交通／地下鉄千里中央駅よりバス33分「勝尾寺」バス停下車、または阪急箕面駅よりタクシー15分
拝観／8～17時(土曜17時30分、休日18時)
拝観料／無料
URL www.katsuo-ji-temple.or.jp
MAP：P.3　A-2

子授け・安産の観音様

推古天皇の時代、聖徳太子により開創
安産の腹帯を授かりに大勢が訪れます

中山寺
【なかやまでら】

ご本尊
十一面観世音菩薩（じゅういちめんかんぜおんぼさつ）

二層の山門を入ると、妊婦さんでいつもにぎわいを見せる境内が広がります。山門から本堂へは石段を上がりますが、脇にはエスカレーターが完備されています。妊婦さんへの心使いを感じます。お寺には「腹帯」の元祖といえる「鐘の緒」が残されています。平安末期、源行綱は後妻の継子いじめを諌めようと中山観音に祈願。すると鐘の緒が後妻の髪に巻き付き、後妻は改心。この話が女性たちに伝わると観音様の力を授かろうと鐘の緒をおなかに当てて安産を祈願するようになりました。これが、腹帯の始まりとされます。

石段を上がると五百羅漢堂。約七百数十体の羅漢像が安置されています。本堂は慶長8（1603）年、豊臣秀頼の再建と伝わります。毎年4月の第1日曜日の「無縁経大会式」では宝塚歌劇団の生徒による「菩薩来迎」行列があり、大勢の参拝客でにぎわいます。

山門は正保3（1646）年、徳川家光の再建。本堂は秀頼の再建とされる。本堂には合わせて3体の十一面観音が祀られているが、秘仏で毎月18日には御開帳がある

1 西国第廿四番奉拝　2 大悲殿　3 梵字キャの十一面観音を表す印　4 中山寺　5 中山寺印

中山寺
観音院
成就院
宝蔵院
華蔵院
総持院
阪急宝塚線
中山観音駅

DATA
山号／紫雲山
宗旨／真言宗中山寺派大本山
住所／兵庫県宝塚市中山寺2-11-1
交通／JR中山駅より徒歩10分、阪急中山観音駅より徒歩1分
拝観／自由　拝観料／無料
URL nakayamadera.or.jp
MAP：P.3　A-2

推古・聖武天皇勅願所

播州清水寺【ばんしゅうきよみずでら】

標高500mの山上に位置、7世紀初め推古天皇の時代に法道仙人が根本中堂を建立

御嶽山山上に位置し、境内からは六甲山、淡路島、明石海峡大橋までもが見渡せます。創建は推古天皇35（627）年、天皇の勅願でインドからの渡来僧法道仙人が根本中堂を建立し、十一面観音を安置したのが始まりとされます。当時、この地は水に乏しく、仙人が水神に祈ったところ、霊水が湧き出し、神に感謝して清水寺と名づけたといいます。神亀2（725）年には聖武天皇の勅命により僧行基が大講堂を建て十一面千手観音を祀りました。平安時代になり、坂上田村麻呂は奥州征伐におもむく前、必勝祈願の太刀を奉納。この太刀は重要文化財となっています。堂宇は大正二年の火災で焼失、現在の伽藍はそれ以降の再建です。西国霊場のご本尊千手観音は大講堂に祀られています。秋の紅葉が見事でシーズンにはライトアップがあります。

堂宇は大正2年の火災で焼失。根本中堂、大講堂は大正6年の再建。桜、アジサイと紅葉の名所としても有名。毎月第3日曜日には坐禅・朝粥会を開催（1〜3月休み）

①西國二十五番奉拝　②大講堂　③梵字キリークの千手観音を表す印　④西國三十三所草創1300年　西國第二十五番御嶽山播州清水寺　⑤清水寺　⑥播磨國清水寺

ご本尊

十一面千手観世音菩薩（じゅういちめんせんじゅかんぜおんぼさつ）

きよみず登山道
141
眞蔵寺
相野駅
清水寺
311
清水

DATA
山号／御嶽山　宗旨／天台宗
住所／兵庫県加東市平木1194
交通／JR相野駅よりバス（1日2本のみ）46分、「清水寺」バス停下車
拝観／8〜17時
拝観料／500円
URL www.kiyomizudera.net/
MAP：P.3　A-2

一乗寺【いちじょうじ】

桜、紅葉の名所としても有名

樹木が茂る法華山の斜面に堂宇が並び建造物、古文書等、多くの文化財を所蔵

天竺から紫雲に乗って飛来したという伝説の僧、法道仙人が孝徳天皇の勅願により、大化5(649)年に創建したと伝わる古刹です。本堂までは急な傾斜の石段を上がります。その途中に建つ三重塔は平安時代末期の承安元(1171)年の建造。日本最古の塔のひとつとされ、安定感のある優美な姿の塔は国宝に指定されています。塔を下に見て、石段を上りきると本堂です。斜面にせり出すように建てられた懸造で縁側からは眼下に堂宇が見渡せ、桜や紅葉の季節には情緒あふれる景色が楽しめます。堂内には大厨子が置かれ、重要文化財のご本尊と不動明王、毘沙門天を安置していますが、通常は秘仏とされ拝観できません。本堂北側の小さなお堂は護法堂・弁天堂・妙見堂で室町時代の建立とされ、重要文化財に指定されています。本堂東側の鐘楼は寛永6(1629)年の建立です。

境内は山間に広がり、紅葉の名所。本堂は寛永5(1628)年、姫路藩主本多忠政の寄進により建立。寺宝に国宝「聖徳太子及天台高僧画像十幅」がある

1 西國廿六番奉拝　2 大悲閣　3 梵字キリークの千手観音を表す印　4 西国三十三所草創千三百年　一乗寺　5 一乗寺　6 一乗寺印

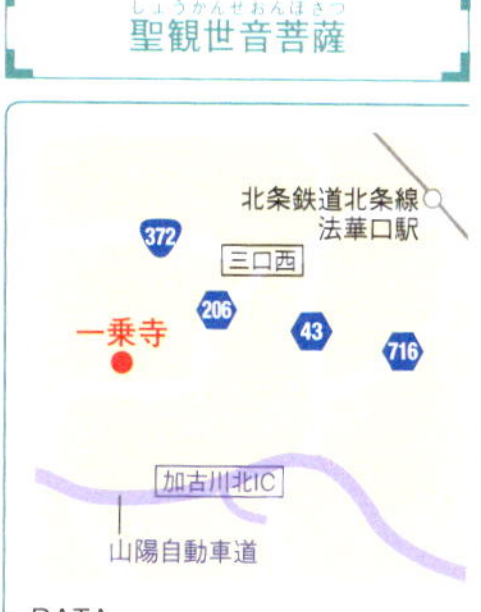

DATA
山号／法華山
宗旨／天台宗
住所／兵庫県加西市坂本町821-17
交通／JR姫路駅からバス37分、「一乗寺」バス停下車
拝観／8～17時　拝観料／500円
MAP：P.3　A-2

西の比叡山と呼ばれる

圓教寺【えんぎょうじ】

書写山山上に広がる古刹は天台宗別格本山
山内には摩尼殿や大講堂など堂宇が並びます

開基の性空上人は平安中期の高僧。貴族の名門、橘氏の出身ですが、栄達を嫌い出家し、厳しい修行の後に書写山に草庵を建てます。これが圓教寺の創建と伝わります。花山法皇は上人を慕い、2度行幸。その行幸で上人から西国観音霊場の話を聞き、その当時、廃れていた霊場巡礼を復興したのでした。

圓教寺の境内は標高約370mの書写山山頂に広がります。ロープウェイ山上駅から緩い登り坂を行くと仁王門、さらに登れば摩尼殿が建ちます。摩尼殿は壮大な舞台造りで堂内にはご本尊の如意輪観世音が祀られています。その先、杉木立のなかを300mほど歩くと大講堂、食堂、常行堂が並びます。堂々とした建物はいずれも重要文化財です。大講堂の東南には姫路城城主本多家の墓所があります。土塀に囲まれた墓所には廟屋5棟が静かにたたずんでいます。

山中に堂宇が並ぶ。摩尼殿にはご本尊と四天王立像を安置。どちらも秘仏で御開帳は毎年1月18日の修正会のみ。午前中と午後の法要終了後に内陣自由参拝ができる

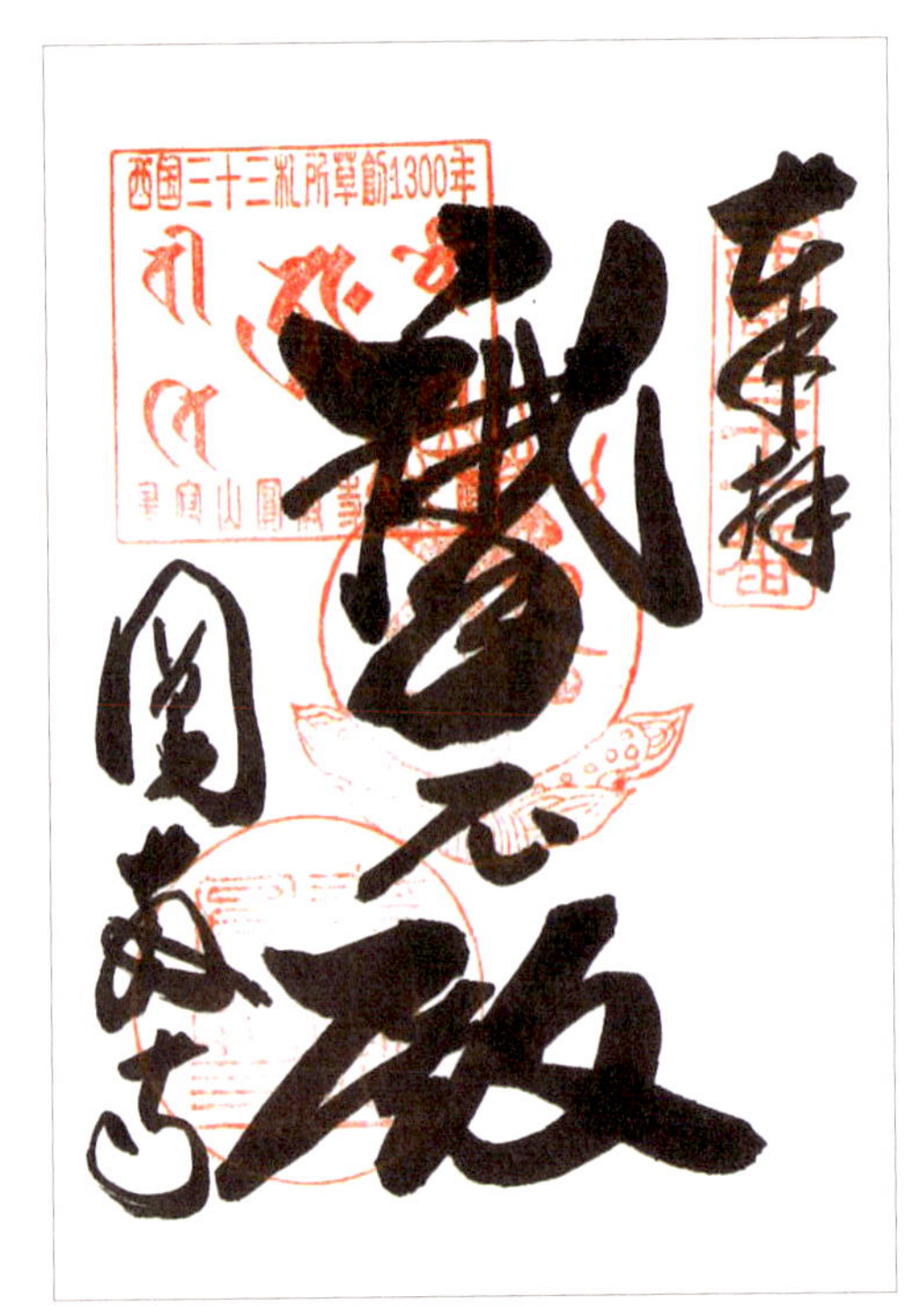

1 西國二十七番奉拝　2 摩尼殿　3 梵字タフークの如意輪観音を表す印　4 西国三十三所草創1300年　書寫山圓教寺　5 圓教寺　6 書寫山圓教寺

ご本尊

六臂如意輪観世音菩薩（ろっぴにょいりんかんぜおんぼさつ）

DATA

山号／書写山　宗旨／天台宗
住所／兵庫県姫路市書写2968
交通／書写ロープウェイ「山上駅」より摩尼殿まで約1km拝観／ロープウェイ運行時間内
拝観料／500円
URL www.shosha.or.jp/
MAP：P.3　A-2

花山法皇崩御の地に建つ

花山院菩提寺【かざんいんぼだいじ】

花山法皇をお祀りする花山法皇殿
薬師如来を本尊とする薬師堂があります

山寺らしい山門から石段を上ると境内。花山法皇殿には木造花山法皇像が祀られている。境内の南に御廟所がある

花山法皇は西国三十三所霊場を再興し、中興の祖とされています。法皇は寛弘5（1008）年、41歳で崩御、この地に葬られました。それが境内にある花山院御廟所です。もともと、この寺は白雉2（651）年、法道仙人が開いた寺で弘法大師が修行したとも伝わる古刹。境内には薬師如来を祀る本堂と法皇を祀る本堂のふたつの本堂があります。

境内へは「琴弾坂」と名づけられた坂を上ります。この名称にはこんな由来があります。法皇を慕い、京から女官たちが訪れましたが、山上は女人禁制。ここで琴を弾き、思いを伝え、さらに尼になり麓に住んだというのです。尼寺という地名もこれにちなみます。境内に上ると、展望所からは有馬富士、播州平野、その向こうには瀬戸内海が広がり、小豆島までも見渡せます。花山法皇もかつてこの景色を楽しんだことでしょう。

1 西國中興之開山奉拝　2 花山法皇殿　3 本尊薬師如来 十一面観音 鎮守三宝荒神を表す印　4 菩提寺　5 花山院菩提寺

住職が手描きしている御朱印を頂くための掛け軸

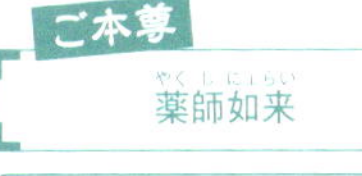

DATA
山号／東光山
宗旨／真言宗花山院派
住所／兵庫県三田市尼寺352
交通／JR三田駅よりバス15分、「花山院」バス停下車、徒歩25分
拝観／8時～16時30分
拝観料／無料
MAP：P.3　A-2

天橋立を望む景勝地に位置

慶雲元（704）年、文武天皇の勅願により
真応上人が創建したと伝わります

成相寺

【なりあいじ】

本堂は現在地より山の上にあったが、山崩れのため現在地へ移転した。本堂へ至る参道の途中に観音堂、撞かずの鐘、一願一言地蔵尊がある

西国札所最北端に建つ寺には以下のような不思議な伝承があります。雪で草庵に閉じ込められた修行僧は食料がつき、餓死寸前になります。本尊に祈ると鹿が倒れているのが見つかり、その腿肉を食べ、生き残りました。雪が消え、堂内を見ると本尊の腿が切り取られ、木屑が散っています。本尊が身代わりとなり僧を助けたのです。木屑を集め、腿につけると観音像は元通りになりました。これ以後、寺の名を「成りあう寺」と呼ぶようになり、祈願がかなう寺として信仰を集めてきたというのです。

本堂は安永3（1774）年の建造で、堂内の厨子に安置されている本尊は平安期の作とされます。本堂裏手のパノラマ展望台に上ると眼下に天橋立、遠くに白山までもが見え、すばらしい風景が広がります。

①西國廿八番奉拝　②圓通閣　③梵字サの聖観音を表す印　成相寺　④西國三十三所草創一三〇〇年　第廿八番成相寺　⑤成相寺　⑥丹後國成相寺

ご本尊

聖観世音菩薩（しょうかんぜおんぼさつ）

DATA
山号／成相山
宗旨／橋立真言宗
住所／京都府宮津市成相寺339
交通／丹後鉄道天橋立駅よりタクシー25分
拝観／8時～16時30分
拝観料／500円
URL www.nariaiji.jp/
MAP：P.3　A-1

度重なる火災に遭い、伽藍は焼失。その後、細川幽斎や京極家により再興。現在の本堂は享保15（1730）年に修築されたもの

松尾寺【まつのおでら】

ご本尊が馬頭観音は唯一

青葉山山腹に唐から渡来した僧威光上人が草庵を結び、馬頭観音像を祀ったのが最初

中国から渡来した威光上人が和銅元（708）年、この地に馬頭観音を感得し、庵を結んだのが松尾寺の始まりと伝わります。

標高699mの青葉山中腹に境内は広がり、樹木に囲まれ堂宇が建てられています。風格のある仁王門を入り、石段を上ると本堂です。本堂は二重屋根の宝形造。ご本尊馬頭観音は農耕、畜産の守り仏として、そして今では競馬にちなむ仏様としても信仰を集めているそうです。秘仏で拝観できませんが、お前立の観音像はご本尊そっくりとのこと。三面八臂、憤怒の表情です。本堂で毎年5月8日に行われる仏舞は国の重要無形民俗文化財、600年前から伝わるといいます。舞手6名が釈迦如来、大日如来、阿弥陀如来の面を着け、越天楽の雅楽に合わせ、ゆったりと優雅な動きで舞います。境内から青葉山頂上まで登れば若狭湾の絶景が眼下に望めます。

1 西國第廿九番奉拝　2 馬頭尊　3 梵字カンの馬頭観音を表す印　丹後松尾寺　4 松尾寺　5 青葉山松尾寺

ご本尊
馬頭観世音菩薩（ばとうかんぜおんぼさつ）

DATA
山号／青葉山
宗旨／真言宗醍醐派
住所／京都府舞鶴市松尾532
交通／JR松尾寺駅より徒歩50分、「松尾寺口」バス停より徒歩40分
拝観／8時～17時
拝観料／無料
URL www.matsunoodera.com/
MAP：P.3　A-1

琵琶湖に浮かぶ竹生島に位置

周囲約2㎞の小さな竹生島に堂宇が並び、行基が弁財天を祀ったのが最初とされます

宝厳寺【ほうごんじ】

豊臣秀吉との関係が深く、慶長7（1602）年には秀吉の遺命により豊国廟より観音堂や唐門を移築。本堂は昭和初期の再建で本尊の弁財天は秘仏で60年に一度の御開帳

琵琶湖北岸の沖合約6㎞に浮かぶ竹生島は島全体が花崗岩からなり、国の名勝に指定されています。島に上陸すると本堂へ通じる165段の石段があります。急勾配の石段を上りきると本堂です。開創は神亀元（724）年、聖武天皇が僧行基を遣わし、堂宇を建立。最初、行基は弁財天を彫り、本堂に安置、その後、観音堂を建て、千手観音を祀ったと伝わります。本堂の前には鎌倉時代の石造五重塔があり、塔から少し石段を上ると朱色が鮮やかな三重塔が建ちます。約350年ぶりに平成12（2000）年に再建された塔です。

弁天様お願いだるま

観音堂は本堂から参道を下ります。観音堂に接して建つ唐門は豊臣秀頼の命により、京都東山に建つ豊国廟の極楽門を移築したもの。飾金具や鳳凰、牡丹の彫刻を施した豪華絢爛なこの門は桃山様式の代表的な遺構として国宝に指定されています。

①西國第三十番奉拝　②大悲殿　③梵字キリークの千手観音を表す印　竹生島　④竹生島宝厳寺　西国三十三所草創1300年　⑤宝厳寺　⑥竹生島宝厳寺

ご本尊

千手千眼観世音菩薩（せんしゅせんげんかんぜおんぼさつ）

高月駅
道の駅 湖北みずどりステーション
JR北陸本線
宝厳寺
虎姫駅
琵琶湖
長浜駅

DATA
山号／厳金山
宗旨／真言宗豊山派
住所／滋賀県長浜市早崎町竹生島
交通／JR長浜駅より徒歩10分の長浜港から観光船で30分
拝観／自由　拝観料／入島料400円
URL chikubushima.jp/
MAP：P.3　B-1

開闢は武内宿禰、開基は聖徳太子。源頼朝が堂宇を再建したが、兵火で焼失。本堂は大永4（1524）年の再建で重要文化財

健康長寿の観音さん

琵琶湖畔にそびえる長命山山腹に建ち
境内からは琵琶湖が眼下に見渡せます

長命寺【ちょうめいじ】

標高約250mの山腹に境内が広がります。「長命寺」と彫られた石柱から本堂までは808段の石段が続きます。石段の両脇には樹木が茂り、いかにも歴史ある霊場という雰囲気。石段を上りきると本堂、三重塔、三仏堂が並びます。

創建は推古天皇27（619）年、この山を訪ねた聖徳太子が「寿命長遠諸願成就」と刻まれた柳を見つけ、千手十一面聖観音の三尊一体の観音像を刻み、伽藍に安置し、長命寺と名づけたと伝わります。それより500年以上前に、柳に文字を刻んだのは武内宿禰で300歳の天寿を全うしたというのです。このような故事から、無病息災を授けてくれる観音様とされています。

本堂右手の三重塔は慶長2（1597）年の建立、桃山時代の形式を伝え、重要文化財に指定されています。少し高台にある鐘楼堂からは境内の堂宇が見渡せます。

1 西国卅一番　奉拝　2 千手大悲殿　3 千手観音を表す梵字キリクの印　4 長命寺　5 三つ巴の寺紋の西国三十三所草創1300年記念印　姨綺耶山長命寺之印

ご本尊

千手十一面聖観音菩薩（せんじゅじゅういちめんしょうかんのんぼさつ）

長命寺
長命寺町
湖岸白鳥川
小船木町
JR琵琶湖線
近江八幡駅

DATA
山号／姨綺耶山　宗旨／単立
住所／滋賀県近江八幡市長命寺町157
交通／JR近江八幡駅よりバス25分、「長命寺」バス停下車、徒歩30分、車利用なら本堂手前まで車道がある
拝観／8～17時　拝観料／無料
MAP：P.3　B-2

聖徳太子の霊跡

人魚伝説の寺

標高433mの繖山山中にたたずむ

観音正寺

【かんのんしょうじ】

ご本尊

千手千眼観世音菩薩

境内からは蒲生野のすばらしい景色が望める

観音正寺は用明天皇の勅願により聖徳太子が開いたお寺です。太子が繖山の山中にて巨岩の上で舞う天人を見て、その岩の壁面に妙見菩薩を中心とした五仏の尊像を描かれました。それが現在の「奥之院」です。（非公開）

鎌倉時代から室町時代には子院33を数えるほどの大寺となりましたが、戦国時代に堂宇を焼失。その後、再建されたものの、平成5（1993）年、不審火により本堂と秘仏の本尊を失ってしまいます。平成16（2004）年、本堂を落慶、インドから輸入した白檀で観音像を彫り、安置しました。現在、本堂内は白檀の良い香りが漂っており、特別拝観として参拝者にご本尊様に触れていただくことができます。山頂近くにある当山は西国三十三所の札所の中でも難所の一つでしたが、現在は東近江市側から林道を利用し、山上駐車場まで車で登ることが可能となりました。2022年よりは開基聖徳太子が崩御され1400年を迎え、太子への恩徳を報いる行事が行われます。

千手御守り

①西國三十二番印　②大悲殿　③梵字キリークの千手観音を表す印　④観音正寺　⑤観音正寺

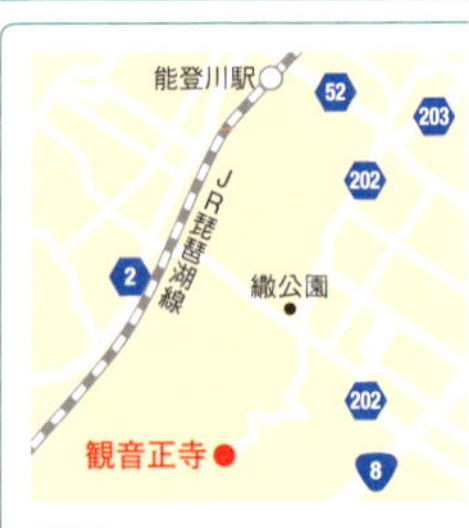

DATA

山号／繖山（きぬがさやま）　宗旨／単立

住所／滋賀県近江八幡市安土町石寺2

交通／JR能登川駅よりバス12分（1時間1・2本）、「観音寺口」バス停下車、徒歩40分。車利用で山上駐車場からは徒歩10分

拝観／8～17時　拝観料／500円

URL www.kannonshoji.or.jp/

MAP：P.3　B-2

延暦17（798）年の創建。その後、朱雀天皇から鎮護国家の道場として勅願寺に定められ、花山法皇、後白河法皇をはじめ、皇室があつい信仰を寄せた

巡礼の終着駅

華厳寺【けごんじ】

醍醐天皇から山号と名号を賜られた名刹
春には桜、秋には紅葉の名所となります

桜並木の門前町を抜けると仁王門が建ちます。本堂までは石畳の参道が続きます。道の両側には石灯籠と奉納のぼりが何本も並び、結願寺らしい雰囲気が感じられます。本堂入口の柱には青銅製の鯉が掛けられています。これは「精進落としの鯉」と呼ばれるもの。かつて巡礼は礼拝を終えると鯉に触れ、笈摺堂に笈摺、菅笠、杖を奉納することで精進潔斎の日々から解放され、日常生活へ戻ったのでした。本堂左手の笈摺堂には笈摺、杖、千羽鶴が納められ、今も、昔と変わらない結願の喜び、達成感など、巡礼への思いがあふれているようです。

御朱印は現世、過去世、未来世を意味する3種類の御朱印があります。本堂は現世、満願堂は過去世、笈摺堂が未来世です。本堂内の授与所ですべて頂けますが、笈摺堂、満願堂も参拝したいもの。満願堂は笈摺堂左の石段を上がります。

ご本尊
十一面観世音菩薩（じゅういちめんかんぜおんぼさつ）

DATA
山号／谷汲山　宗旨／天台宗
住所／岐阜県揖斐郡揖斐川町谷汲徳積23
交通／名阪近鉄バス・揖斐川町コミュニティバス「谷汲山」バス停下車
拝観／8～16時30分　拝観料／志納
URL www.kegonji.or.jp/
MAP：P.3　B-1

①西國満願三十三番霊場谷汲山　②大悲殿　③梵字キャの十一面観音を表す印谷汲山　④華厳寺　⑤美濃國谷汲山華厳寺

①西國満願三十三番奉拝　②満願堂　③梵字キャの十一面観音を表す印　満願霊場　④谷汲山　⑤谷汲山満願堂

①西國満願三十三番奉拝　②笈摺堂　③梵字キャの十一面観音を表す印　④谷汲山　⑤谷汲山笈摺堂

西国三十三所

御朱印帳コレクション

きれいな表紙の三十三所オリジナル御朱印帳を紹介します

桜が華やか 醍醐寺

桜の名所らしく満開の枝垂桜と国宝の五重塔が華麗な表紙。1700円

上品な表紙、中山寺

山号の紫雲山にちなんだ紫雲と山門、裏には梅林をデザイン。1000円

シックなデザイン、興福寺

境内に建つ、三十三所の9番南円堂と五重塔が表紙。紫、紺、えんじ色の全3色。
高貴な雰囲気の紫色が人気とか。各1200円

山の守護神が表紙 圓教寺

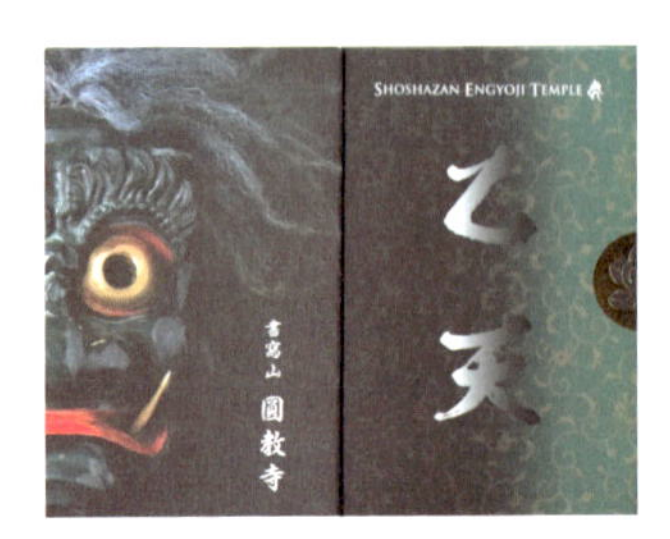

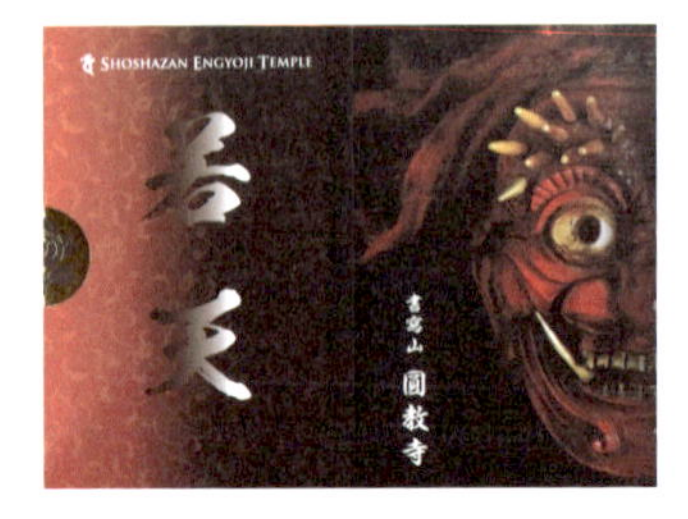

書寫山の守護神である乙天（おとてん）、若天（わかてん）をダイナミックにデザイン。
摩尼殿納経所で頒布。各1600円

西国三十三所 授与品

おみくじやお守り、お線香など
札所にはさまざまな授与品があります

観音正寺

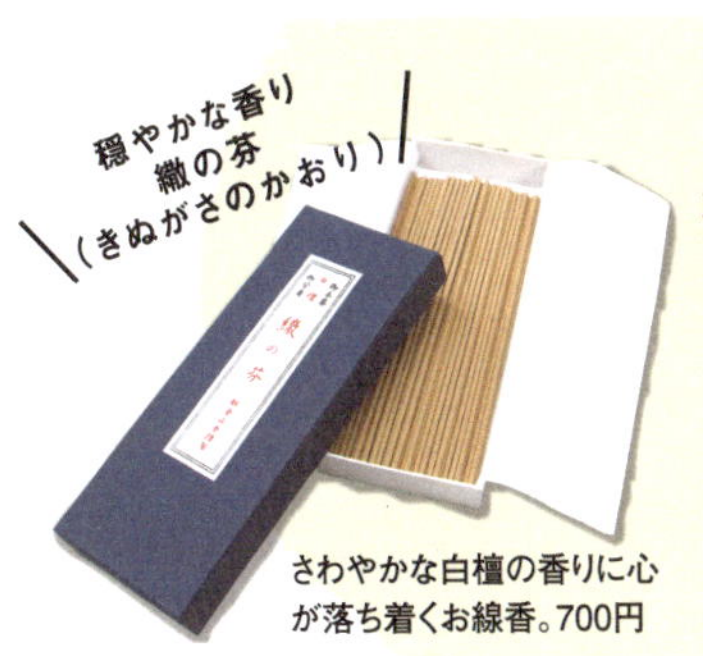

さわやかな白檀の香りに心が落ち着くお線香。700円

「白檀守」は本尊を白檀で刻んだとの伝承に由来する

正法寺(岩間寺)

巡礼の疲れを癒やすスイーツは必需品。「葛きり」500円

「西国三十三所腕輪念珠」。札所めぐりには腕輪スタイルの数珠を

開山の泰澄大師が雷除け祈願をした故事に由来する「雷除守護」

華厳寺

ライバルに勝つ「勝守」、「福きんちゃく御守」は巾着の中にクリスタルのお宝入りで福を招く

壺阪寺

「壺阪沢市晴明水」は壺阪施薬堂から発売されている目薬。目の疲れや充血を緩和

「思う壺守」は物事が自分の願いどおりに運ぶよう祈願したお守り

奈良県産富有柿を使用した「柿飴」。柿のフルーティな甘味が楽しめる

壺阪寺の本尊は眼病治癒に御利益あり。そこで「目の御守り」600円

頂法寺

六角堂の境内にはいつもハトがいっぱい。かわいい形の「鳩みくじ」

西国三十三所
草創１３００年記念特別拝観

２０２０年まで西国三十三所各札所では、以下の普段非公開のお堂や諸尊の御開帳、および庭の公開や寺宝の観覧などができます。

	札所	特別拝観
1	青岸渡寺	那智山 経塚出土仏像
2	金剛宝寺（紀三井寺）	本堂内陣特別拝観
3	粉河寺	薬師堂御本尊御開帳
4	施福寺	槇尾七福神
5	葛井寺	非公開寺宝
6	南法華寺（壷阪寺）	大雛曼荼羅公開 二大塔（三重塔・多宝塔）同時開扉 大眼鏡奉納
7	岡寺	本堂内々陣お扉特別開扉 三重宝塔扉絵壁画特別開扉
8	長谷寺	大観音大画軸大開帳 宝物特別寺宝展（西国関連） 本尊大観音尊像特別拝観
9	興福寺 南円堂	北円堂特別開扉 南円堂特別開扉 中金堂一般公開
10	三室戸寺	宝物館の特別拝観
11	上醍醐 准胝堂（醍醐寺）	寺宝・絹本著色准胝観音像（江戸時代） 平成の准胝観音出開帳仏（仮称）
12	正法寺（岩間寺）	本堂内礼拝（重要文化財 地蔵菩薩公開） 三十三観音堂開扉
13	石山寺	特別公開「維摩居士像」（重要文化財／平安時代） 特別公開「如意輪観音半跏像」（知足庵蔵）
14	三井寺	観音堂内陣諸尊特別拝観・特別展 日本三不動 黄不動尊（国宝）特別開扉（結縁灌頂会）
15	今熊野観音寺	秘仏弘法大師作 十一面観世音菩薩御開帳 並 当山伝来 御寶印特別加持
16	清水寺	秘仏 大随求菩薩御開帳
17	六波羅蜜寺	特別公開 当山開祖空也上人肖像
18	六角堂 頂法寺	本堂内陣拝観と仏像公開
19	革堂 行願寺	本尊御開帳内陣拝観と寺宝展示
20	善峯寺	文殊寺宝館什物公開
21	穴太寺	安寿姫・厨子王丸肌守御本尊特別拝観
22	總持寺	秘仏本尊特別御開扉
23	勝尾寺	寺宝拝観（予定）
24	中山寺	宝物拝観
25	播州清水寺	兵庫県指定文化財銅造菩薩立像（白鳳時代）
26	一乗寺	常行堂内陣拝観
27	圓教寺	春季特別展示「書寫山圓教寺-歴史を語る美術と工芸」 大講堂（釈迦三尊像） 常行堂（丈六阿弥陀如来坐像） 姫路城主本多家廟屋 奥の院開山堂（性空上人坐像）
28	成相寺	五重塔開扉
29	松尾寺	宝物殿春季展覧 宝物殿秋季展覧
30	宝厳寺	三重の塔開扉
31	長命寺	重要文化財本堂内陣特別拝観
32	観音正寺	内陣拝観（御本尊お身拭と、重要寺宝千手観世音菩薩三尊図公開）
33	華厳寺	寺宝大日如来像特別拝観

※左記当別拝観は2018年のものです。年によって変わることがありますので、必ずホームページなどでご確認ください。

「西国三十三所草創1300年記念特設サイト」の特別拝観のページは
www.saikoku33-1300years.jp/tokubetsuhaikan/

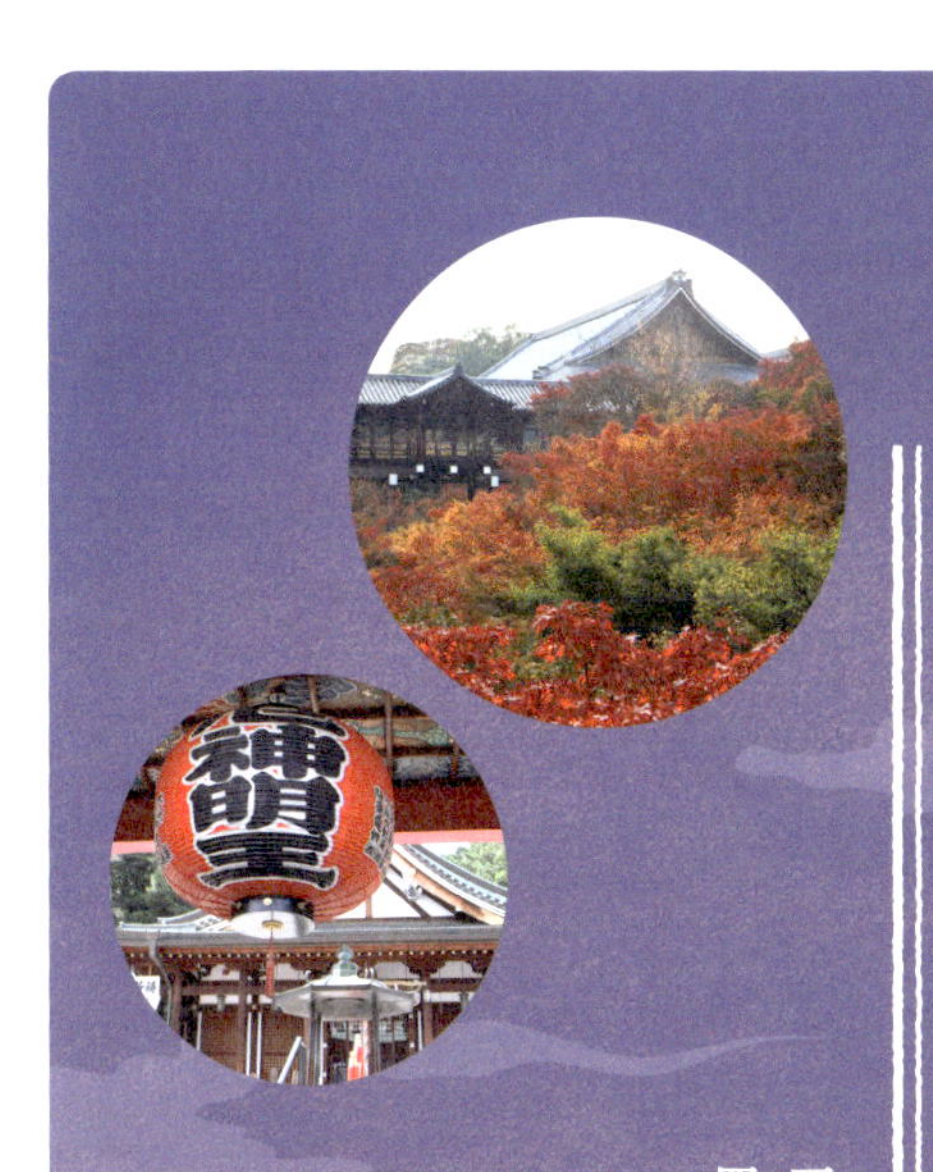

御朱印でめぐる関西の名刹

西国三十三所以外にも関西には歴史ある古寺がまだまだあります。
四季折々に風情あふれる景観を楽しませてくれる寺々を紹介します。

関西の名刹

延暦寺【えんりゃくじ】

天台宗総本山

古代から神山としてあがめられていた比叡山伝教大師最澄が鎮護国家のため開きました

京都と滋賀の県境に位置し、琵琶湖や京都の町並みを一望できる景勝地に堂宇が並ぶ。国宝根本中堂は2016年より10年をかけて大改修中（堂内の拝観は可能）

GOODS
納経帳
1500円（左）、1700円（右）

東塔、西塔、横川の堂宇を総称して延暦寺と呼びます

延暦7（788）年、最澄は国を護り鎮めるため、根本中堂を創建し、延暦寺を開きました。延暦寺とは比叡山の山内1700haに点在する堂宇の総称をいいます。山中は東を東塔、西を西塔、北を横川と区分けされ、それぞれに本堂があります。そのなかで延暦寺の総本堂となるのが東塔にある根本中堂です。ご本尊の前には「不滅の法灯」が1200年余の間ともり続けています。長い歴史のなかで最盛期には3000にも及ぶ寺院がありましたが、元亀2（1571）年、織田信長により全山焼き討ちに遭い、伽藍は焼失。現在、目にすることができる堂宇はその後に再建されたものです。現存する最古の建築物は西塔に建つ釈迦堂で豊臣秀吉が文禄4（1595）年に園城寺の金堂を移築したものです。西塔の居士林では坐禅・写経の体験ができます。御朱印は山内の11ヵ所で頂けます。

①比叡山奉拝 ②醫王殿 ③梵字ベイの薬師如来を表す印 ④比叡山 根本中堂 ⑤比叡山根本中堂之印

DATA
山号／比叡山　宗旨／天台宗
住所／滋賀県大津市坂本本町4220
交通／ケーブルカー延暦寺駅より徒歩8分、延暦寺バスセンター。ここから山内各所へのシャトルバスが運行
拝観／東塔地区8時30分～16時30分、西塔・横川地区9～16時、両地区とも冬期時間あり
拝観料／3地区共通券700円
URL www.hieizan.or.jp/
MAP：P.3　B-2

世継安産・厄除観音

徳川綱吉が嗣子誕生を祈願したことから
子宝・安産を願う信仰を集めてきました

正福寺【しょうふくじ】

約1300年前、聖徳太子の開創と伝わります。七堂伽藍を備えた大寺でしたが、織田信長の兵火により、ことごとく焼失。江戸時代になり、5代将軍徳川綱吉が帰依し、嗣子誕生を祈願しました。すると世継ぎが誕生。綱吉は境内地を寄進し、寺紋と寺禄2万8000石を与え、徳川家の祈願所としました。

杉木立に囲まれて建つ仁王門から参道を行き、石段を上ると鐘楼、本堂、弁天堂、庫裏が建ちます。約2万4000m^2の広い境内は樹木が茂り、静けさに満ちています。本堂は寛文6（1666）年の再建、堂内には綱吉が子宝を祈願したという十一面観音立像が安置されています。北向きの観音像は寺伝によると聖徳太子自刻とされる秘仏で国の重要文化財。毎年8月10日の千日会に御開帳されます。ほかに釈迦如来坐像、地蔵菩薩坐像が納められています。

境内には本堂、鐘楼、八坂神社、庫裏、宝篋印塔などが建つ。
初夏にはツツジが華麗な花を咲かせる

木造釈迦如来坐像は像高136cmで平安時代の作と伝わります

①近江順禮三十一番　甲賀順禮十五番奉拝　②大悲殿　③宝印　④正福寺
⑤正福禅寺

ご本尊

十一面観世音菩薩（じゅういちめんかんぜおんぼさつ）

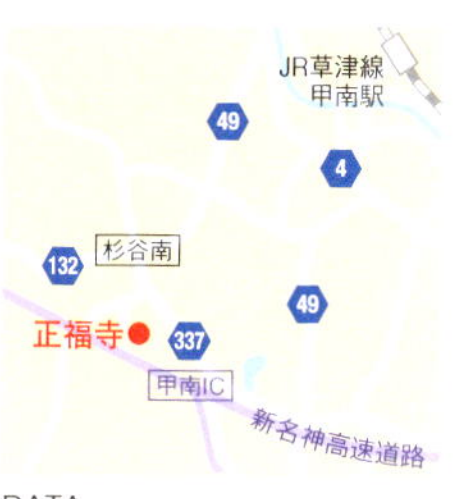

DATA

山号／寿亀山　宗旨／臨済宗
住所／滋賀県甲賀市甲南町杉谷2928
交通／JR草津線甲南駅よりタクシー10分、甲南インターより5分
拝観／9～17時
拝観料／本尊拝観300円
MAP：P.3　B-2

標高305mの立木山の中腹に位置。弘法大師が刻んだという観音像を祀る。新西国霊場第20番札所でもある。境内には休憩できるお茶所がある

関西の名刹

立木観音【たちきかんのん】

厄除けに霊験あらたか

弘法大師が人々の厄難疫病を救うため等身大の観音像を刻んで安置したのが始まり

琵琶湖から流れ出でる瀬田川の鹿跳(ししとび)渓谷を望む立木山の山腹、800余段の石段を登った先に立木観音本堂があります。寺伝によれば弘仁6年(815)、山に光を放つ霊木を見つけられた弘法大師が瀬田川の急流で渡れずにいる所、白い雄鹿が現れ、大師を乗せて川を跳び越え霊木の前まで導きました。大師は自身が42歳の厄年であったことから観音様に導かれたのだと感謝され、人々の諸難救済を願い、立木のままの霊木に観音菩薩を彫られ堂宇を建てられました。以来、厄除けの寺として広く信仰されています。

立木観音の年間行事として初詣、初立木会、節分会、千日会、毎月17日の縁日があり境内が特ににぎわいます。節分には山伏、修行僧による大護摩修行が執り行われ、1年間参拝者が書き溜められた護摩木数万本が梵焼されます。秋には一山が紅葉に染まり見事です。

GOODS

御札や寺紋を配した御守、巾着型の御守など、厄除けの各種授与品

節分では1日6回、無病息災を願う福豆・餅撒きを開催

ご本尊

立木聖観世音菩薩(たちきしょうかんぜおんぼさつ)

DATA

山号／立木山　宗旨／浄土宗
住所／滋賀県大津市石山南郷奥山1231
交通／京阪バス「立木観音前」バス停より徒歩約20分(石段約800段)
拝観／9時～16時30分
拝観料／無料
URL www.tachikikannon.or.jp/
MAP：P.3　B-2

弘法大師は立木観音を開創の後、高野山を開かれたことから「元高野」とも呼ばれる。立木観音の縁起に由来した弘法大師像がある

①新西國第廿番　②立木観音　③梵字サの聖観音を表す印　④立木山寺　⑤立木山別當所

湖東三山めぐり

西明寺十二神将像「伐折羅（ばさら）大将」は丑年の守護神

清々しい境内が心を活性化してくれます

琵琶湖の東に位置する西明寺、金剛輪寺、百済寺の3つの天台宗寺院を総称して湖東三山といいます。三山とも奈良時代から鎌倉時代にかけて創建された古刹です。三山の中で一番、北に建つのが秘仏薬師如来を本尊とする西明寺です。

中野英勝住職は「薬師如来は応病予薬抜苦与楽の仏。病に応じて薬を与え、苦しみを除き、ラクにしてくれる仏です。今は心を病んでいる人が多い。ゆっくり参拝して、心を活性化してほしいものです」と話します。そこで、すがすがしい時間を過ごせるようにと視野を遮る電柱や電線を埋設し、境内の景観を大切にしています。

「湖東三山はそれぞれ本尊も、堂宇も歴史があり、自然豊かな境内がすばらしい。境内を歩き、できればお寺の人と話をしてください。それも、ちゃんと顔を見て。そうすれば心に響く会話ができるはずです。御朱印がそのきっかけになればいいですね」

三山をダイレクトに結ぶ公共交通機関はありません。三山をスムーズにめぐるには彦根駅発着の4人乗り観光タクシー（1台約2万円）が便利です。またはJR河瀬駅・近江鉄道尼子駅前から西明寺まで乗合タクシーを利用（河瀬駅から900円、尼子駅から450円）、西明寺から金剛輪寺は徒歩（4㎞）か路線バス（1時間に1本）、金剛輪寺から百済寺はタクシー（1台約2500円）を利用してめぐる方法もあります。タクシーは事前予約が必要です。

☆紅葉の季節には彦根駅から三山連絡シャトルバスが運行します。
〈問い合わせ　近江タクシー彦根営業所／電話0749・22・0106〉

鎌倉時代建立の本堂（国宝）と三重塔（重文）がある。紅葉の名所で「血染めの紅葉」と呼ばれる

聖武天皇の勅願で開山

金剛輪寺【こんごうりんじ】

山号／松峰山　宗旨／天台宗
住所／滋賀県愛知郡愛荘町松尾寺873
交通／JR稲枝駅よりタクシー15分
拝観／8時30分～17時
拝観料／600円
URL www.kongourinji.jp/

奈良時代中期の創建。通称「生身（なまみ）の観音」と呼ばれる秘仏があります。開山の行基菩薩が観音像を彫っていると木肌から一筋の血が流れたとの寺伝から、こう呼ばれるようになったのです。「行基菩薩は像に魂が宿ったと感じ、血が流れた時点で彫るのをやめました。ですから像は粗削りです。しかし実に神々しく、厳しさのなかにも慈悲を感じさせる観音像です」と濱中大樹住職は語ります。湖東三山一の名園古庭とされる見事な庭園があります。

①近江西国第拾五番奉拝　②聖観世音　③聖観世音を表す梵字サ　④金剛輪寺　⑤金剛輪寺

表紙に本堂と三重塔を配した御朱印帳（800円）

樹木が茂る境内は32万坪。木の香りがする、きれいな空気に満たされています。本堂に入ると須弥壇に十二神将像がずらりと並び、真ん中には本尊薬師如来が納められた大きな厨子が安置されています。薬師如来が病を救う医師なら十二神将は看護師に当たるそうです。「訴えを薬師如来に伝え、救済の補佐をするのが役目ですね」と住職。山内には苔が自生し、雨上がりにはさわやかな緑を見せてくれます。

本堂は鎌倉時代の建立で国宝。本堂右手に建つ総檜造りの三重塔も国宝

御朱印帳には国宝三重塔をデザイン。各1500円

「日本100の古寺」に選ばれた美しい境内

西明寺【さいみょうじ】

山号／龍應山　宗旨／天台宗
住所／滋賀県犬上郡甲良町池寺26
交通／JR河瀬駅・近江鉄道尼子駅より乗合タクシー12分
拝観／8〜17時
拝観料／600円
URL www.saimyouji.com/

①西国薬師霊場第三十二番奉拝　②薬師如来
③薬師如来を表す梵字ベイ　④龍應山西明寺
⑤西明寺印

聖徳太子創建の古刹

百済寺【ひゃくさいじ】

山号／釈迦山　宗旨／天台宗
住所／滋賀県東近江市百済寺町323
交通／近江鉄道八日市駅よりタクシー10分
拝観／8〜17時
拝観料／600円

御朱印の「植木観音」は十一面観世音菩薩のこと。寺伝では立木の大木に聖徳太子が観音像を彫らせたことから、こう呼ばれるとのこと。

「この寺が創建された時代、百済国は先進国です。当寺には百済から高僧が渡来し、優れた文化を伝えました。植木には仏典・文化・技術を日本に移植したという意味も込められているのでしょう」と濱中亮明住職は語ります。琵琶湖が望める見事な庭園があります。織田信長、ルイス・フロイスとの関係も深い歴史の寺でもあります。

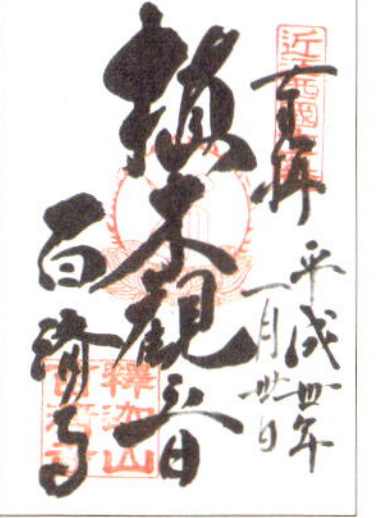

①近江西國十六番奉拝
②植木観音　③植木観音を表す梵字カーン
④百済寺　⑤釈迦山百済寺印

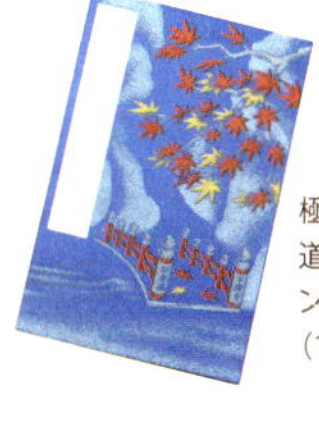

極楽橋からの参道と紅葉をデザインした御朱印帳（1300円）

赤門（総門）、本堂（重文）は江戸時代初期の建立。信長は石段から石を抜き、安土城建設に利用した

関西の名刹

臨済宗永源寺派大本山

坐禅研鑽、天下泰平、万民和楽を祈る道場
全国百有余の末寺を統括する大本山です

永源寺【えいげんじ】

広い境内には本堂のほか、鐘楼、法堂、開山堂、経堂などが並ぶ。カエデが多く、秋には紅葉がすばらしく、ライトアップも行われる

康安元（1361）年、近江守護職佐々木六角氏頼が高僧寂室元光禅師に帰依、領内の土地を寄進して伽藍を建てたのが最初です。高僧が集まり、最盛期には2000人もの修行僧を擁しましたが、戦国時代に兵火で伽藍を焼失し荒廃してゆきました。江戸時代中期になり、一絲文守禅師が住職となると後水尾天皇、彦根藩主井伊家が帰依、堂宇が再興されました。

参道は右手に愛知川が流れ、野鳥の声が聞こえる静かな山道。寛政7（1795）年建立の山門をくぐると鐘楼があり、左手に本堂が建ちます。本堂の屋根は琵琶湖のヨシで葺かれています。堂内に安置されているご本尊は、佐々木六角氏頼の子、満高が子授けを願い成就したことから、世継観音と呼ばれるようになりました。ご本尊は秘仏で拝観できません。御開帳はおよそ25年に一度になります。

井伊直興霊廟

ご本尊

世継観世音菩薩（よつぎかんぜおんぼさつ）

DATA

山号／瑞石山　宗旨／臨済宗
住所／滋賀県東近江市永源寺高野町41
交通／近江鉄道八日市駅より近江バス35分、「永源寺前」バス停下車
拝観／9～16時
拝観料／500円
URL eigenji-t.jp/
MAP：P.3　B-2

開山正燈国師塑像（非公開）

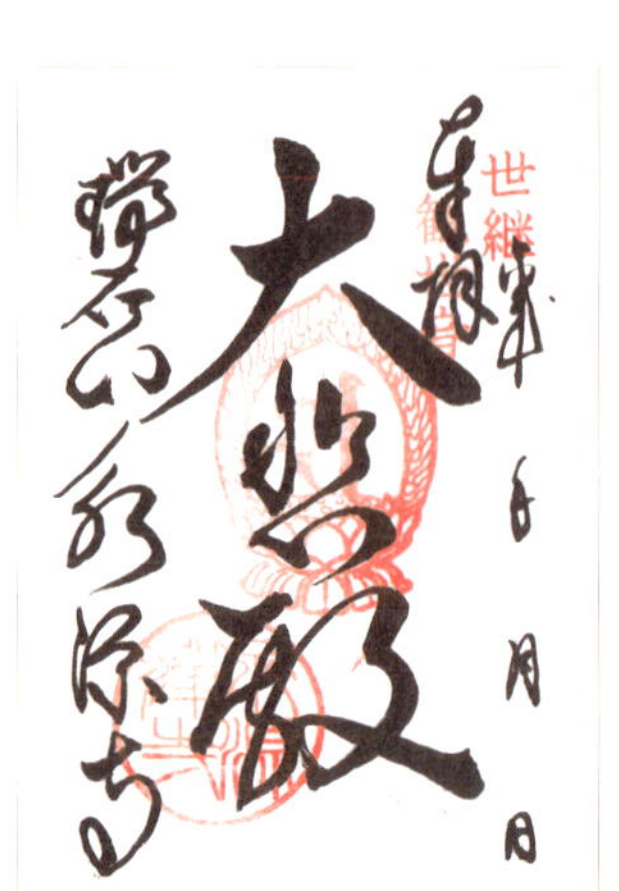

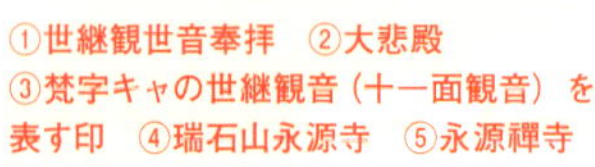

①世継観世音奉拝　②大悲殿　③梵字キャの世継観音（十一面観音）を表す印　④瑞石山永源寺　⑤永源禪寺

堅田の浮御堂と呼ばれ湖が一望のもとに見渡せる。国の登録有形文化財

満月寺浮御堂

【まんげつじうきみどう】

琵琶湖の絶景

湖に浮かぶようにして建つ浮御堂には安全と救済を願う千体仏が安置されています

独特の形をした門を入ると、浮御堂が見えてくる

浮御堂は琵琶湖に突き出た仏堂で満月寺の堂宇です。建立は平安中期と思われます。比叡山の僧恵心僧都は比叡山から琵琶湖を望むと湖から発せられる光明を見つけます。網ですくうと湖中から黄金の阿弥陀仏を得ました。僧都はこれを胎内に納めた阿弥陀仏と千体の阿弥陀仏を作り、浮御堂に安置。湖上交通の安全や衆生済度、魚類供養を願ったと伝わります。千体仏は多くの仏像を作ることに功徳があると考えられていたからです。

その後、お堂は一時荒廃しますが、江戸時代に復興。当時から浮御堂が湖に浮かぶ風景は絶景とされ、浮世絵師歌川広重が近江八景「堅田の落雁」に雁の群れと浮御堂を描くほど。松尾芭蕉、小林一茶ら俳人も訪れ、名句を残しています。

浮御堂からの眺めも素晴らしく、東に伊吹山、近江富士、西に比良山系、比叡山などが見渡せます。

琵琶湖最狭部に突き出した浮御堂

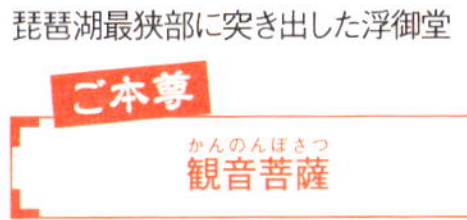

ご本尊

観音菩薩（かんのんぼさつ）

DATA

山号／海門山　宗旨／臨済宗

住所／滋賀県大津市本堅田1-16-18

交通／JR堅田駅よりバス10分「堅田出町」バス停より徒歩5分（土・日曜日は浮御堂前までのバスあり）

拝観／8～17時

拝観料／無料

MAP：P.3　B-2

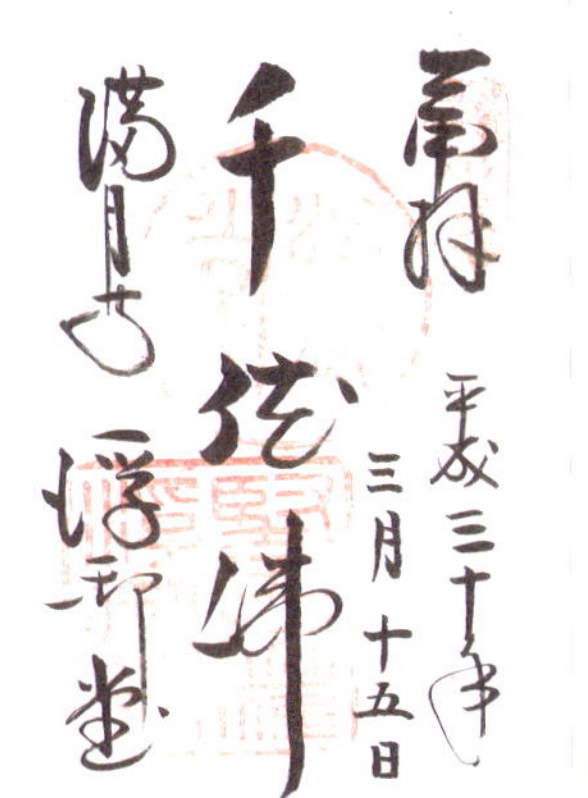

①滋賀西國第壹番　②千体佛
③浮御堂　④満月寺　浮御堂
⑤堅田落雁浮御堂

圓光寺

【えんこうじ】

本堂は重要文化財

鎌倉時代建立の本堂は寺院には珍しい切妻造
内部の構造は密教寺院の形態を残しています

野洲駅の北東に位置。鎌倉時代の建立とされる圓光寺。本堂は重要文化財に指定されている

平安時代作の不動明王立像

平安時代作の毘沙門天立像

江戸時代に長福寺と円光坊が統合され圓光寺となりました。長福寺は平安初期、最澄の開基と伝わります。山門を入ると目の前に本堂が建ちます。本堂は長福寺のもので棟木に康元2（1257）年の銘文が残されていることから、鎌倉時代の建立と思われます。屋根の形が特異で前が長く、後ろが短い「へ」の字形をしています。内部は内陣、外陣、脇陣、後陣に分かれる密教寺院の形態を伝えています。

ご本尊は聖観世音菩薩と阿弥陀如来（重要文化財）でともに平安時代の作です。聖観世音菩薩は厨子に安置された秘仏とされ、御開帳は8月第1土曜・日曜日。厨子の周囲には脇侍として毘沙門天、不動明王が並びます。本堂前に九重の石塔が建ちます。高さは約4m、康元の銘があることから、鎌倉時代に建てられたもので、もともとは十三重であったと思われます。

南北朝時代の鰐口（直径40.9㎝）

ご本尊

聖観世音菩薩（しょうかんぜおんぼさつ）　阿弥陀如来（あみだにょらい）

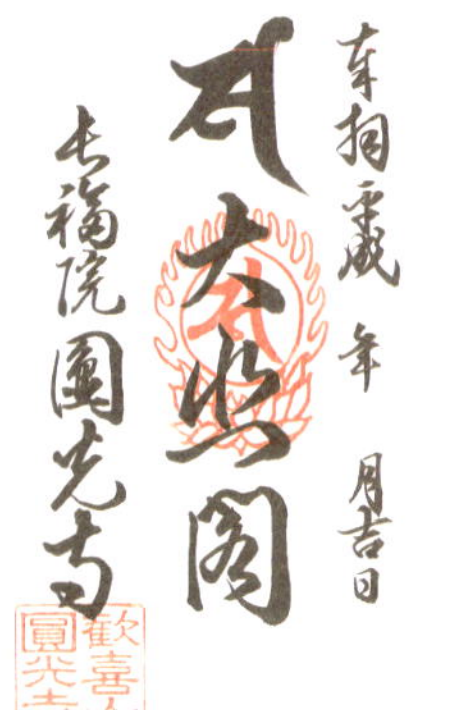

①奉拝　②大悲閣　③梵字サの聖観音を表す印　④長福院　圓光寺　⑤歓喜山　圓光寺

DATA

山号／歓喜山　宗旨／天台真盛宗
住所／滋賀県野洲市久野部266
交通／JR琵琶湖線野洲駅より徒歩15分
拝観／10〜16時
拝観料／志納
MAP：P.3　B-2

滋賀！ 湖南三山めぐり

善水寺の本堂内陣。
帝釈天立像、持国天・増長天立像、
四天王立像が安置されている

四季折々がお参り日和
悠久の歴史を思うひと時を

滋賀県南東部湖南市に位置する善水寺、常楽寺、長寿寺、3つの天台宗寺院を総称して湖南三山といいます。3ヵ寺の創建はともに奈良時代まで遡り、境内には国宝の堂宇を有しています。三山のなかで最も西にあるのが善水寺です。

「善水寺には平安時代の仏像が十数体安置されています。千年前と変わらないお姿を今も拝観することができるのです。どの仏様も年月を経た、ゆかしさがあり、目前にすると感慨深いものがありますね。湖南三山の歴史は寺や地域の人々が仏像や堂塔を受け継ぎ、守る努力を重ねてきた歴史でもあると思うのです。その努力は簡単なものではありません。尊いものだと思います。ですから、三山をめぐるときにはゆっくり参拝して、お寺の人に話を聞き、歴史を感じてほしいのです。そして御朱印を頂いてください」と梅中堯弘住職は語ります。

湖南三山は紅葉の名所にもなっています。紅葉は11月中旬から12月初旬。桜、新緑もすがすがしく、冬には降雪もあります。どの季節が一番、よいでしょうと住職に伺うと「お参りした日、その日が一番よい日です」

湖南三山めぐりの交通ですが、善水寺へはJR甲西駅から、常楽寺・長寿寺へはJR石部駅から湖南市コミュニティバス「めぐるくん」が利用できます。常楽寺から長寿寺は約1.5km、徒歩20分ほどです。

〈問い合わせ　滋賀バス甲西営業所／電話0748・72・5611〉

本堂前には百伝池がある。境内には善水元水が湧き、お水取りができる

内陣の仏像を間近で拝観

善水寺【ぜんすいじ】

山号／岩根山　宗旨／天台宗
住所／滋賀県湖南市岩根3518
交通／「岩根」バス停より徒歩10分
拝観／9～17時（冬期16時）
拝観料／500円
URL www.zensuiji.jp/

国宝の本堂は平屋建て貞治5（1366）年の建造

檜皮葺の屋根がきれいな曲線を描く本堂は長い風雪に耐えた風格を感じさせます。堂内の内陣には不動明王、四天王、毘沙門天など重要文化財の仏像三十数体が大きな厨子を囲んで並び、まさに壮観です。彩色や文様がよく残り、造像時の姿をイメージすることができます。厨子の中には像高1mの秘仏本尊薬師如来坐像が安置されています。御朱印は朱印所または本堂内で頂きます。「何枚書いても、いつも緊張しますね」とのこと。

①西国薬師第四十七番　②薬師如来　③薬師如来を表す梵字ベイ　④善水寺　⑤善水寺印

三山のなかで最古の本堂

長寿寺【ちょうじゅじ】

山号／阿星山　宗旨／天台宗
住所／滋賀県湖南市東寺5-1-11
交通／JR石部駅よりタクシー10分、または「長寿寺」バス停より徒歩すぐ
拝観／9～16時
拝観料／500円
URL https://chojyuji.jp/

樹木に囲まれ静かにたたずむ本堂は平安末期から鎌倉時代初期の再建。檜皮葺の優美な屋根をもち、国宝に指定されています。堂内は仄暗く、柔らかなライトが内陣を照らし、光のなかに釈迦如来、阿弥陀如来が浮かびあがります。本尊は秘仏子安地蔵。春日厨子（国宝）に納められています。御開帳は50年に一度だけ。本尊の姿を知る住職に伺うと「子供を守る仏様ですから、少し伏し目でそれは優しい表情をなさっています」

境内も紅葉、草花に彩られ、優しさがあふれているようです。

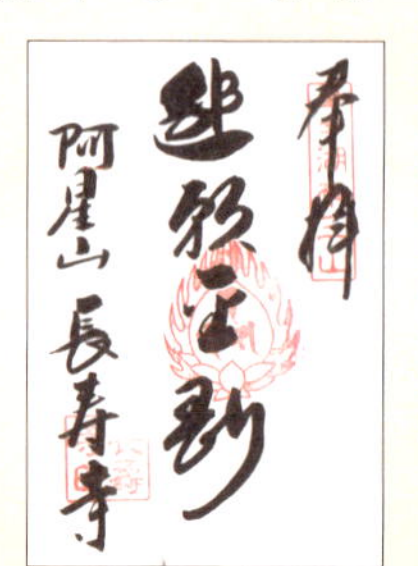

①国宝湖南三山奉拝　②悲願金剛／地蔵菩薩のこと　③本尊・聖観世音・毘沙門天、3体を表す梵字　④阿星山長寿寺　⑤長寿寺印

①国宝湖南三山奉拝　②子安地蔵菩薩　③本尊子安地蔵と聖観世音・毘沙門天、3体を表す梵字　④阿星山　長寿寺　⑤長寿寺印

8世紀初め天平時代の創建。東大寺の開山良弁を開基とし創建。本堂は国宝

本堂・三重塔は国宝

常楽寺【じょうらくじ】

山号／阿星山　宗旨／天台宗
住所／滋賀県湖南市西寺6-5-1
交通／JR石部駅よりタクシー7分、または「西寺」バス停より徒歩5分
拝観/10〜16時　拝観料/500円
URL www.eonet.ne.jp/~jo-rakuji/
※拝観には事前に電話予約が必要。電話0748-77-3089

檀家がなく無住であった常楽寺を現住職の若林孝暢さんが継いで湖南三山を立ち上げたのは平成17（2005）年のことでした。「雑木が茂り、荒れ放題でした」、住職は一人で樹木を伐採し、350本のもみじを植え5000m²もの境内を整備してきました。

「後世に残すためにも、この寺のよさを訴えるためにも中途半端なことはせず、徹底的にやろうと思ったのです」

もみじを植え、三重塔や本堂を見下ろせる散策路も住職が自力で造りました。拝観には予約が必要です。

和銅年間（708〜715）年の開創。本堂は延文5（1360）年の再建。千手観音（重文）、二十八部衆（重文）を祀る

三重塔は応永7（1400）年の建立。釈迦如来坐像を安置

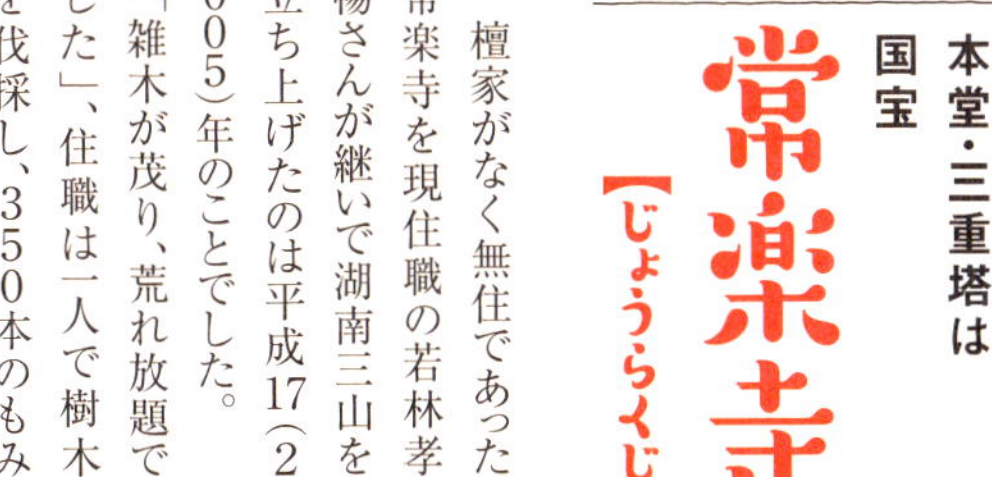

※常楽寺は御朱印掲載の許可を頂けなかったためお寺の紹介のみとなります。

長寿寺の釈迦如来は藤原時代の作。像高1m77cm

紅葉の名所

東福寺【とうふくじ】

方丈と開山堂を結んで架かる通天橋から眺める渓谷「洗玉澗」の紅葉は絶景として有名です

仏殿、法堂、方丈、庫裏などは明治以降の再建。国宝の三門、禅堂などは中世の建物

境内には2000本ものカエデがあり、通天橋から眺める紅葉は見事。最盛期には大混雑する

鎌倉時代、摂政関白であった藤原道家が菩提寺として造営。奈良の東大寺、興福寺に勝るとも劣らない大寺を創建しようと「東」「福」の字をとり、東福寺と名づけました。伽藍は嘉禎2（1236）年から19年をかけて建立され、都最大の規模を誇りました。仏殿には高さ15mの釈迦如来立像を安置、左右の観音・弥勒両菩薩は7・5mという堂々たる姿です。相次ぐ火災により大部分を焼失しますが、すぐに復興、足利、豊臣、徳川家が保護・修理を行ってきました。しかし、明治になり、方丈、仏殿、法堂を焼失します。

方丈には東西南北に庭園が造られています。四周に庭園があるのは東福寺のみ。昭和の作庭家重森三玲が昭和14（1939）年に完成させたもの。質実剛健さと現代アートの抽象性を取り入れた見事な近代禅宗庭園として国の指定名勝に登録されています。

①慧日山奉拝　②大佛寶殿
③九條家の家紋＋佛法僧寶　④東福寺

カエデは中国原産の三葉楓で黄金色に色づくのが特徴です

ご本尊

釈迦如来（しゃかにょらい）

東福寺駅
東福寺
東福寺
京都第一赤十字病院
JR奈良線
京阪本線
東福寺

DATA

山号／慧日山　宗旨／臨済宗東福寺派
住所／京都府京都市東山区本町15
交通／JR・京阪東福寺駅より徒歩10分、京阪鳥羽街道駅より徒歩8分、市バス「東福寺」バス停より徒歩10分
拝観／9～16時（季節により変更あり）
拝観料／通天橋・開山堂400円、庭園400円
URL www.tofukuji.jp/
MAP：P.2　D-2

紅葉の名所
神護寺【じんごじ】

ご本尊
薬師如来（やくしにょらい）

清滝川を渡ると長い石段があり、その上に楼門がそびえます。天長元（824）年、神願寺と高雄山寺が合併して神護寺となりました。弘法大師が大同4（809）年から14年間、住持を務めたことがあります。境内奥に建つ五大堂からさらに石段を上ると金堂です。堂内に安置されているのは国宝薬師如来立像です。像高約170cm、鋭い眼差しが印象的で拝する者に畏敬の念を感じさせる姿です。

境内や周辺は紅葉の名所として有名。紅葉の時期にはライトアップがある

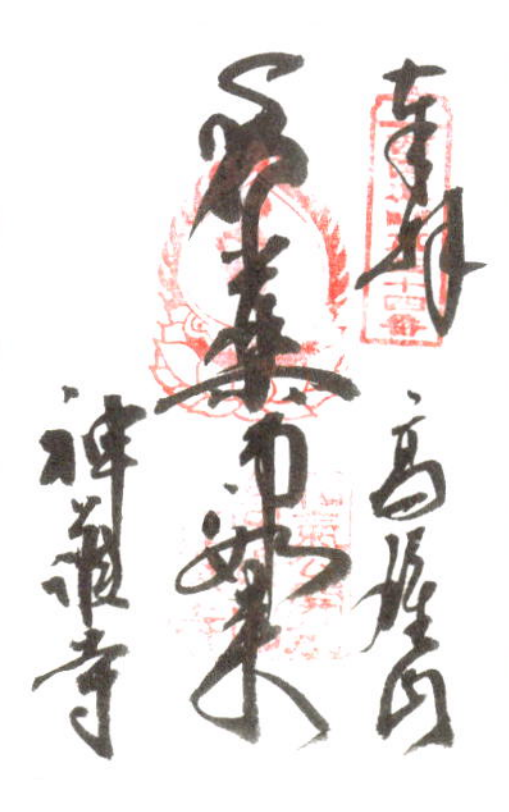

①西國薬師第四十四番奉拝 高尾山 ②梵字バイ＋薬師如来 ③梵字バイの薬師如来を表す印＋和氣公開創高雄山神護寺 ④神護寺

DATA
山号／高雄山　宗旨／真言宗
住所／京都府京都市右京区梅ヶ畑高雄町5
交通／JRバス「山城高雄」バス停より徒歩20分、市バス「高雄」バス停より徒歩20分
拝観／9～16時
拝観料／600円
URL www.jingoji.or.jp/
MAP：P.3　B-2

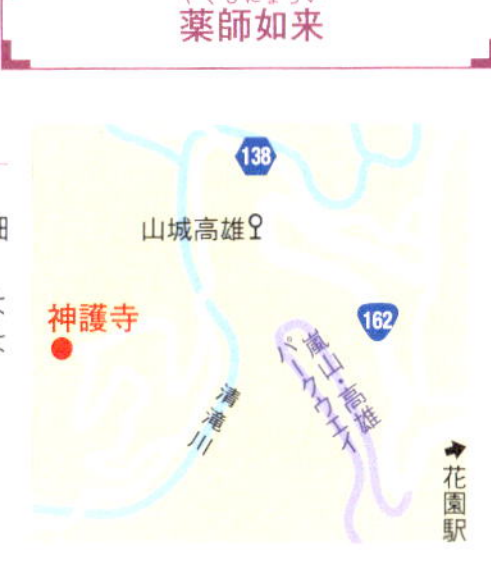

天皇、皇室が篤く信仰
泉涌寺【せんにゅうじ】

ご本尊
阿弥陀・釈迦・弥勒三尊仏（あみだ・しゃか・みろくさんぞんぶつ）

寺名の由来は嘉禄2（1226）年、開山の月輪大師が主要伽藍を建立した際、山内の一角に清水が湧き出したことに由来します。その泉は今も境内に湧いています。創建当時の堂宇は応仁の乱でほとんど焼失、現在の建物は江戸時代以降の再建です。寛文8（1668）年再建の仏殿には運慶作と伝わる釈迦・阿弥陀・弥勒の三尊が安置されています。境内には舎利殿、御座所などが並びます。

大門から参道を下ると正面に仏殿、左手に楊貴妃観音堂がある。大門、仏殿、開山堂は重要文化財。新緑、紅葉が美しい

①皇室香華院 奉拝 ②霊明殿 ③菊の御紋＋御寺泉涌寺之印 ④みてら　泉涌寺

DATA
山号／東山、泉山　宗旨／真言宗
住所／京都府京都市東山区泉涌寺山内町27
交通／JR東福寺駅より徒歩20分、または市バス「泉涌寺道」バス停より徒歩15分
拝観／9時～16時30分（12～2月16時）
拝観料／500円
URL www.mitera.org/
MAP：P.2　D-2

紅葉の名所

真如堂【しんにょどう】

ご本尊

阿弥陀如来（あみだにょらい）

正式名を真正極楽寺といいます。寺名は「正真正銘の極楽のお寺」という意味だそうです。永観2（984）年、比叡山常行堂のご本尊阿弥陀如来を移し、安置したのが始まりです。ご本尊は慈覚大師が彫った阿弥陀如来像で「頷きの弥陀」と呼ばれています。大師が女人の救済を願うと頷かれたという伝承からついた名前です。通常は静かな境内ですが、紅葉の季節は大変なにぎわいとなります。

本堂は元禄6（1693）年から享保2（1717）年にかけて建立。境内には優美な三重塔が立つ

①京洛六阿弥陀第一番奉拝　②無量寿　③梵字キリークの阿弥陀如来を表す印　④真如堂　⑤真正極楽寺印

DATA
山号／鈴聲山　宗旨／天台宗
住所／京都府左京区浄土寺真如町82
交通／市バス「錦林車庫前」または「真如堂前」バス停より徒歩8分
拝観／9～16時
拝観料／500円（特別行事を除く）
URL shin-nyo-do.jp/
MAP：P.2　D-1

通称だるま寺

法輪寺【ほうりんじ】

ご本尊

釈迦如来（しゃかにょらい）

享保12（1727）年、萬海和尚が創立したと伝わります。この寺がだるま寺と呼ばれる理由は達磨堂を見ればわかります。堂内には大きさも表情も違うさまざまなダルマが約8000体も安置されているのです。そのどれもが祈願成就のお礼に奉納されたダルマです。本堂に隣接する衆聖堂には木造十六羅漢像が安置され、2階には、日本映画関係者400人を祀る貴寧磨（キネマ）殿があります。

達磨堂は戦後、起上り達磨のように復興しようとの願いから建立された。本堂南側には見事な庭園がある

①不倒不屈
②起上達磨堂
③達磨の絵
④七転八起
⑤奉拝

DATA
山号／大宝山　宗旨／臨済宗
住所／京都府京都市上京区下立売通天神西入ル行衛町457
交通／JR円町駅より徒歩5分
拝観／9～16時
拝観料／300円
MAP：P.2　C-1

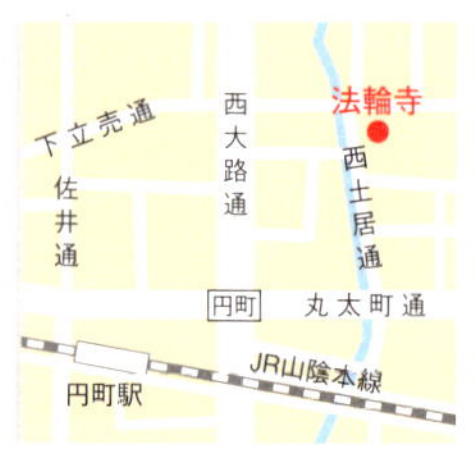

門跡寺院めぐり

聖護院の本堂には
不動明王が祀られている

京都には寺名のあとに「門跡」とつく寺院がありますが……
門跡寺院とは何でしょう？

平安時代以降、皇族・公家が住職を務める寺院を門跡寺院と呼ぶようになりました。聖護院もそのひとつで、後白河天皇の皇子静恵法親王が入寺して以降、明治時代まで皇室との深いかかわりをもってきました。

「江戸時代には聖護院に入寺されていた親王が光格天皇として即位され、御所へお戻りになられました。その後、御所が天明大火で焼失したときには、仮御所として当院をお使いになるなどの由緒が残り、御殿、仮御所と呼ばれていました。他の門跡寺院も同様ですが皇室と関わりが深いため菊紋の使用が許されて来たのです」と聖護院門跡執事長の宮城泰岳さんは話します。

格式が高いということでしょうか？

「明治天皇の曾祖父である光格天皇が出られた寺院ということで、非常に高い寺格をもっていました」

明治維新により、寺格を示す称号としての門跡は廃止になります。

「門跡を名のっていても、他の寺院より格が上、仏様がありがたい、僧侶が偉いというのではありません。門跡に限らず、寺は仏様、僧侶、参拝者が一体にならないと成立しません。仏様や寺のことを知りたいという真摯な気持ちで参拝し、僧侶はそんな参拝者の思いに応えることが大切です。ですから、疑問があれば僧侶に聞き、僧侶が疑問を解く。それができない僧侶なら、参拝者がたしなめればいい。寺と参拝者の交流があってはじめて寺の存在意義があるのです」

御朱印もまた、仏様、寺と参拝者をつなぐコミュニケーションのひとつと宮城執事長は言います。

「御朱印を頂くと仏様と小さなご縁が結ばれます。それを大きくできるかは頂いた人次第。仏様と会話し、僧侶と会話して、すばらしいご縁にしてください」

聖護院門跡
宮城執事長

宸殿はじめ伽藍は延宝4（1676）年の再建。宸殿には不動明王像、蔵王権現像などが並ぶ

門跡寺院らしく菊花紋を配した道具や金箔の調度が多い

修験道・山伏の総本山

聖護院門跡【しょうごいんもんぜき】

山号／なし　宗旨／本山修験宗
住所／京都府京都市左京区聖護院中町15
交通／京阪電車神宮丸太町駅より徒歩5分、市バス「熊野神社前」バス停下車すぐ
拝観／9時30分～17時（9～3月は16時30分）
拝観料／800円（特別公開時）
URL www.shogoin.or.jp/

修験道とは山に入り心身を鍛え煩悩や迷いを除き、人間が本来もっている清らかな心を取り戻すための道であり、約1350年前「役行者」により開かれた日本独特の宗教です。

聖護院は寛治4（1090）年、白河上皇の熊野御幸で先達を務めた増誉がその功績により、「聖体護持」から2字をとった「聖護院」を賜ったのが始まりです。その際「熊野三山検校職」も賜り聖護院を総本山として全国の山伏を統括していきました。

役行者の正統を継ぐ寺院として役行者千百年御遠忌に際し光格天皇より聖護院へ「神変大菩薩」の謚号勅書が追賜されました。

創建当時の伽藍は応仁の乱やその他の火災で焼失。現在の伽藍は江戸時代前期の建造です。

①奉拝　②不動明王を表す梵字カーン　③ホラ貝＋本山聖護之印　④聖護院門跡

山門。明治まで周辺は紅葉の見事な森だった

宸殿には狩野派の襖絵が描かれている

旧御室御所・世界遺産

仁和寺【にんなじ】

山号／大内山　宗旨／真言宗御室派
住所／京都府京都市右京区御室大内33
交通／市バス「御室仁和寺」バス停より徒歩1分
拝観／9～17時（12～2月は16時30分）
拝観料／境内無料（桜の時期は有料）
URL www.ninnaji.jp/

宇多天皇が出家して仁和4（888）年、仁和寺に入り、御室御所と呼ばれたことが門跡寺院の始まりです。堂々とした二王門を入ると参道が真っすぐに延び、左手に御殿があります。御殿に入ると四季の風物を描いた華麗な襖絵や壁画が見られます。その先の中門を抜けると正面に金堂、右手には五重塔がそびえます。左手は御室桜の林です。江戸時代にはすでに桜の名所として有名で与謝蕪村が俳句に詠むほどでした。200本の御室桜は4月中旬に見ごろを迎えます。

国宝の金堂は御所内裏紫宸殿を移築したものです。御朱印は御殿入口と金堂前納経所で頂けます。毎月8日には薬師如来の縁日にちなみ、限定御朱印が授与されます。

五重塔（重文）は寛永21（1644）年の建立。総高約33m。内部には大日如来が安置されている

①舊御室御所奉拝　②旧御室御所　③菊の紋　④仁和寺　⑤総本山仁和寺

王朝の華やかさを今に伝える御殿。巨大な二王門には二王像、唐獅子像を安置している

嵯峨天皇を流祖とする嵯峨御流の総司所（家元）でもある。境内には勅使門、宸殿、正寝殿、御影堂などが建つ。大沢池は時代劇のロケ地としても有名

旧嵯峨御所大本山

大覚寺【だいかくじ】

歴代天皇、皇族が住職を務めた門跡寺院
境内東の大沢池は日本最古の林泉式庭園です

平安時代初期、嵯峨天皇の離宮、嵯峨院として建立したのが最初です。その後、貞観18（876）年、大覚寺と改められました。諸堂宇が並ぶ、大寺となりましたが、延元元（1336）年の火災や応仁の乱により、堂宇のほとんどを焼失。寛永年間（1624～44）になり、伽藍が整いました。

宸殿は2代将軍徳川秀忠の娘、東福門院和子が使用していた建物、正寝殿には後宇多天皇が院政を執った部屋が残ります。大覚寺の本堂は五大堂です。大沢池のほとりに位置し、池に張り出すようにぬれ縁が設けられています。大沢池は周囲約1kmの人工の池で嵯峨天皇が唐の洞庭湖を模して造ったとされます。ハスが自生し、夏には華麗な風景を見せてくれます。池に浮かぶ菊ケ島に咲く野菊を嵯峨天皇が手折り、器にいけたのが華道「嵯峨御流」の発祥と伝わります。

①心無罣礙嵯峨山　②五大明王　③梵字カンマンの不動明王を表す印　④大覚寺　⑤大覺寺印

①心無罣礙奉拝　②不動明王　③梵字カンマンの不動明王を表す印　④嵯山大覚寺　⑤大覺寺印

①旧嵯峨御所奉拝　②愛染明王　③梵字ウンの愛染明王を表す印　④大覺寺　⑤大覺寺印

周囲約1kmの大沢池

ご本尊
五大明王（ごだいみょうおう）

DATA
山号／嵯峨山　宗旨／真言宗
住所／京都府京都市右京区嵯峨大沢町4
交通／JR嵯峨嵐山駅より徒歩20分、または市バス・京都バス「大覚寺」バス停下車
拝観／9～17時（16時30分受付終了）
拝観料／500円（2018年度10、11月は1000円）
URL https://www.daikakuji.or.jp/
MAP：P.3　B-2

日野のお薬師様

法界寺

【ほうかいじ】

永承6（1051）年、日野資業（すけなり）が薬師如来を祀り、菩提寺として開創したとされます。薬師堂に安置された薬師如来像は秘仏ですが、胎内には伝教大師作と伝わる9cmほどの薬師如来の小像が納められています。それが胎児を宿す女性の姿とされ、安産、授乳、子育ての「乳薬師」として信仰を集めてきました。平安時代末期の作とされる阿弥陀如来坐像、鎌倉時代初期の阿弥陀堂は国宝です。

法界寺は親鸞聖人が誕生し、9歳まで過ごした場所。江戸時代に始まった「法界寺裸踊り」が有名

①奉納経 奉拝 ②阿弥陀如来 ③梵字キリークの阿弥陀如来を表す印 ④ひのやくし法界寺 ⑤法界寺

①奉納経 奉拝 ②薬師如来 ③梵字バイの薬師如来を表す印 ④ひのやくし法界寺 ⑤法界寺

DATA
山号／東光山
宗旨／真言宗醍醐派
住所／京都府京都市伏見区日野西大道町19
交通／地下鉄石田駅から徒歩20分、京阪バス「日野薬師」バス停下車
拝観／9～17時（10～3月は16時）
拝観料／500円/
MAP：P.3 B-2

市内最古の木造本堂

大報恩寺

【だいほうおんじ】

千本釈迦堂として知られます。安貞元（1227）年、藤原秀衡の孫である義空上人の開創。本堂は応仁の乱でも奇跡的に火災を免れ、創建当時の姿を残し、国宝に指定されています。寺宝として快慶作「十大弟子像」、定慶作「六観音菩薩像」などがあり、宝物館で拝観できます。毎年12月7日・8日には諸厄・悪病を除くとされる「大根炊き」がふるまわれ、師走の風物詩として親しまれています。

本堂は800年の時を経ても創建当時の姿を残している。春には枝垂桜が見事

①新西國第十六番奉拝 ②六観音 ③六観音（聖観音、千手観音、馬頭観音、十一面観音、准胝観音、如意輪観音を表す梵字の印 ④千本釈迦堂 ⑤千本釋迦堂大報恩寺

DATA
山号／瑞応山
宗旨／真言宗智山派
住所／京都府京都市上京区七本松通今出川上ル
交通／市バス「上七軒」バス停より徒歩3分
拝観／9～17時
拝観料／境内無料
URL www.daihoonji.com/
MAP：P.2 C-1

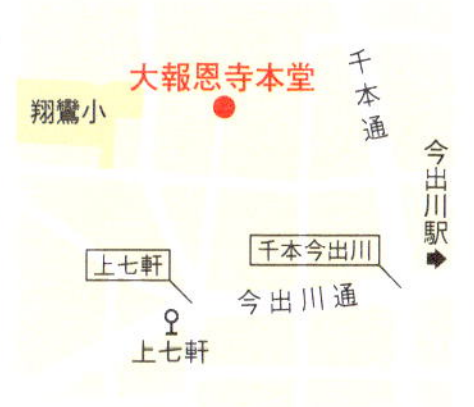

高台寺【こうだいじ】

ねねの優しさに包まれる

豊臣秀吉の菩提を弔うため、ねねが開創
霊屋にはふたりの木造が安置されています

庭園は小堀遠州作で国の史跡・名勝に指定。観月台や臥龍廊などの回廊が設けられている

受付と庫裏の間の細い小道を抜けると目の前にすがすがしい庭園が広がります。臥龍池を中心に堂宇が並び、常緑樹の濃緑、桜、紅葉、静寂の雪景色と四季折々、風情あふれる表情を見せてくれる名園です。参拝路をたどって霊屋へ。堂内には金銀を豊富に使った繊細な意匠の高台寺蒔絵が施され、華麗な桃山文化を彷彿とさせます。少し道を上れば2棟の茶室があります。ここから、ねねは大坂城の炎上を見たとか。どのような思いだったのでしょうか？　御朱印には「佛心」と墨書があります。慈悲の心を指すのだそうです。「観光とは光を観ると書くでしょ。お寺ではお釈迦様の光を感じてほしいのです。それは万物を慈しみ救済する優しい心に触れることにもなります」とお寺の方は話します。境内にも御朱印にも、慈悲の心とねねの優しさがあふれている名刹です。

利生堂では大涅槃壁画を拝観できる（9：30～16：30）

霊屋。厨子の左右には豊臣秀吉とねねの座像を安置

ご本尊
釈迦如来（しゃかにょらい）

DATA
山号／鷲峰山
宗旨／臨済宗建仁寺派
住所／京都府京都市東山区高台寺下河原町526
交通／市バス「東山安井」バス停より徒歩7分
拝観／9時～17時30分（17:00受付終了）
拝観料／600円
URL www.kodaiji.com/
MAP：P.2　D-2

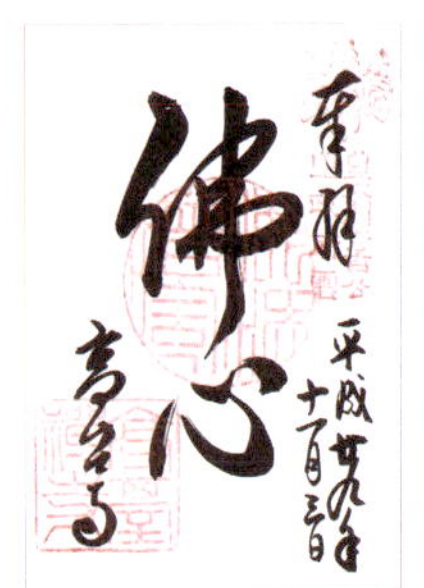
①桐紋＋豊太閤秀吉公北政所霊 奉拝　②佛心　③仏法僧寶の三宝印　④高台寺　⑤高壹禪寺

①北政所守本尊 奉拝　②夢　③心願成就の印　④北政所の印　⑤高台天神

①大慈 奉拝　②安心　③大往生　④大悲　⑤利生堂

池泉式庭園がすばらしい

蓮華寺【れんげじ】

創建は、加賀藩家老今枝近義（いまえだちかよし）が祖父の菩提を弔うため、寛文2（1662）年、現在地に再興したものと思われます。蓮華寺は庭園のすばらしさで知られます。庭園は池を中心に、左手には亀石と鶴石が置かれ、奥には蓬莱山を表す岩組が配されています。庭園の作者は江戸初期の漢詩人であり儒学にも精通していた石川丈山が有力と考えられています。丈山は詩仙堂の庭園も造っています。

応仁の乱以降、荒廃していた洛中の寺院を江戸時代初期に現在地に移して再興したと伝わる。紅葉が見事

①歸命山
②瑞光
③梵字バクの釈迦如来を表す印
④洛北蓮華寺

DATA
山号／帰命山
宗旨／天台宗
住所／京都府京都市左京区上高野八幡町1
交通／京都バス「上橋」バス停から徒歩1分
拝観／9～17時
拝観料／400円
MAP：P.3　B-2

黄檗宗大本山

萬福寺【まんぷくじ】

伽藍建築は中国の明様式が用いられています。三門をくぐると天王殿、祀られているのは金色に輝く、福々しい布袋様です。背後には本堂にあたる大雄宝殿が建ちます。大雄宝殿の向こうには説法などをする法堂があります。境内の建物には南アジアや東南アジア原産のチーク材が使われ、円窓や卍くずし、扉には桃の実の形をした桃符を施すなど、日本の寺院とは異なる意匠が凝らされています。

寛文元（1661年）、中国僧隠元禅師が開創。徳川家が深く帰依した

①黄檗葵／裏側から見た徳川家の紋／寺地が徳川幕府の寄進であり、幕府の崇敬が篤いことを意味する　奉拝　②大雄宝殿／本尊釈迦如来が安置されている本堂のこと　③仏法僧宝　④宇治黄檗山　⑤黄檗宗大本山萬福寺

DATA
山号／黄檗山　宗旨／黄檗宗
住所／京都府宇治市五ケ庄三番割34
交通／JR奈良線・京阪宇治線黄檗駅より徒歩5分
拝観／9～17時（入場は16時30分まで）
拝観料／500円
URL www.obakusan.or.jp/
MAP：P.3　B-2

関西の名刹

京都最古の禅寺

宋からお茶を日本に伝えた栄西禅師が開山
俵屋宗達の「風神雷神図屛風」が伝わります

建仁寺【けんにんじ】

釈迦三尊像を祀る法堂。天井には日本画家小泉淳作の「双龍図」が描かれている。龍は尾が雲中の図が多いが、この図は尾までリアルに描かれている

御朱印に墨書されている「拈華堂（ねんげどう）」は本堂である法堂のこと、本尊釈迦如来を意味するとお寺の方は説明してくれました。ほの暗い法堂に入ると正面に釈迦三尊像が金色に輝き、2頭の龍が向かい合う「双龍図」が天井に描かれ、緊張感のある荘厳な空間を創り上げています。

御朱印帳は拝観前に受付に渡し、帰りに頂きます。「参拝後に御朱印を頂くという本来の意味を踏まえているのです。かつて御朱印帳は葬儀の際に棺に入れることもありました。死後も仏様が守ってくれると信じられていたからです。御朱印を頂くことは来世での守護という約束手形を手に入れたのと同じこと。スタンプではないのです。大事に扱ってください」

禅寺では境内全体を修行の場と考えるそうです。建仁寺にも修行僧が数人います。心静かに参拝したいですね。

枯山水様式の「大雄苑」

ご本尊

釈迦如来（しゃかにょらい）

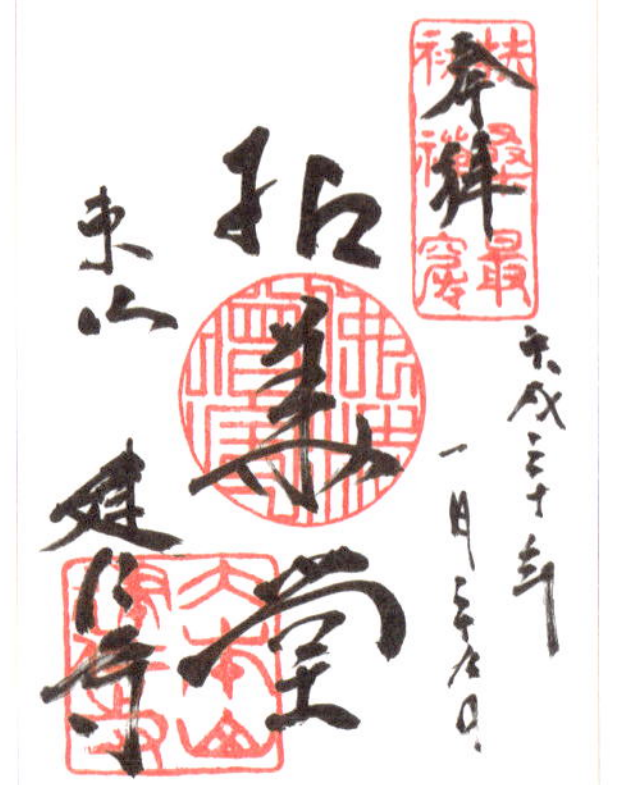

建仁2（1202）年、源頼家が寺域を寄進し、栄西禅師を開山として建立

①扶桑最初禅窟奉拝　②拈華堂　③仏法僧寶の三宝印　④東山建仁寺　⑤大本山建仁寺

京阪本線祇園四条駅
四条通
南座
花見小路通
大和大路通
建仁寺
祇園
八坂神社
東大路通
東山安井
八坂通

DATA

山号／東山　宗旨／臨済宗
住所／京都府京都市東山区大和大路通四条下る小松町
交通／市バス「東山安井」バス停より徒歩5分、「祇園」バス停より徒歩10分
拝観／10時～16時30分（11月～2月末は16時）
拝観料／500円
URL www.kenninji.jp/
MAP：P.2　D-2

六道さんと親しまれる
六道珍皇寺【ろくどうちんのうじ】

ご本尊
薬師如来（やくしにょらい）

平安時代前期の開創とされます。ご本尊の薬師如来は重文にも指定されています。寺名の六道とは地獄道・餓鬼道・畜生道・修羅道・人道・天道の6種の冥界を指します。平安時代、この地はこの世とあの世の境にあたる六道の辻と呼ばれていました。そこで境内は冥界への入口とされ、小野篁（たかむら）が境内の井戸から冥界に通っていたという伝説も生まれました。

京都では8月7日から10日に精霊を迎えるために六道珍皇寺に参詣する習慣があります。これを六道参りと呼んでいます。六道参りの期間には特別な限定御朱印が授与されます。

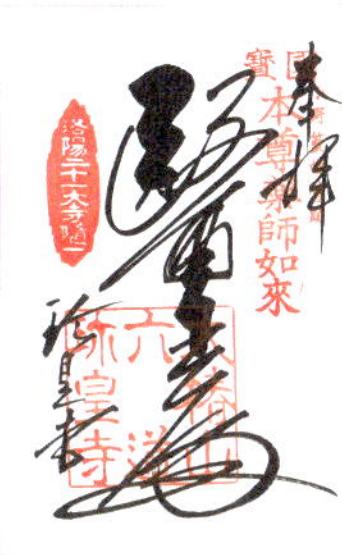

①小野篁卿舊跡 國寶 本尊薬師如來奉拝 ②梵字バイ＋本尊薬師如来 ③洛陽二十一大寺随一 ④大椿山六道珍皇寺 ⑤大椿山六道珍皇寺

①小野篁卿舊跡 國寶 本尊薬師如來奉拝 ②醫王殿 ③洛陽二十一大寺随一 ④珍皇寺 ⑤大椿山六道珍皇寺

DATA
山号／大椿山　宗派／臨済宗
住所／京都府京都市東山区大和大路通四条下ル4丁目小松町595
交通／市バス「清水道」バス停より徒歩5分
拝観／9～16時(8月7～10日は6～22時)
拝観料／特別拝観500円ただし8/7～10は無料(臨時拝観600円)
URL www.rokudou.jp/
MAP：P.2　D-2

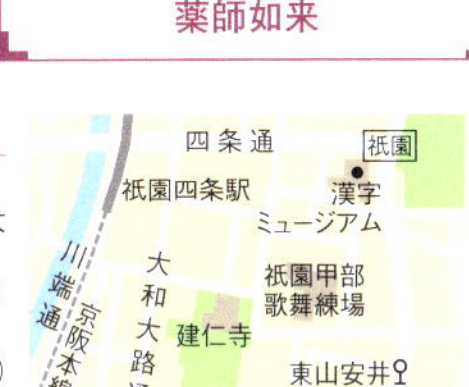

臨済宗妙心寺派大本山
妙心寺【みょうしんじ】

ご本尊
釈迦如来（しゃかにょらい）

全国に3400もの寺院を擁する大本山です。建武4（1337）年、花園法皇が自身の離宮を禅寺に改め、無相大師を迎えて開山。広大な境内には三門、仏殿、法堂が一直線に建ち、その周囲に46の塔頭が並びます。三門は桃山時代、仏殿、法堂は江戸時代の建立でいずれも重要文化財です。法要などの儀式を行う法堂の鏡天井には狩野探幽が8年をかけて制作したという雲龍図が描かれています。

境内には堂宇、塔頭が並ぶ。文化財を多く所蔵

①奉拝
②釋迦如来
③寺紋＋臨濟宗大本山妙心寺
④大本山妙心寺

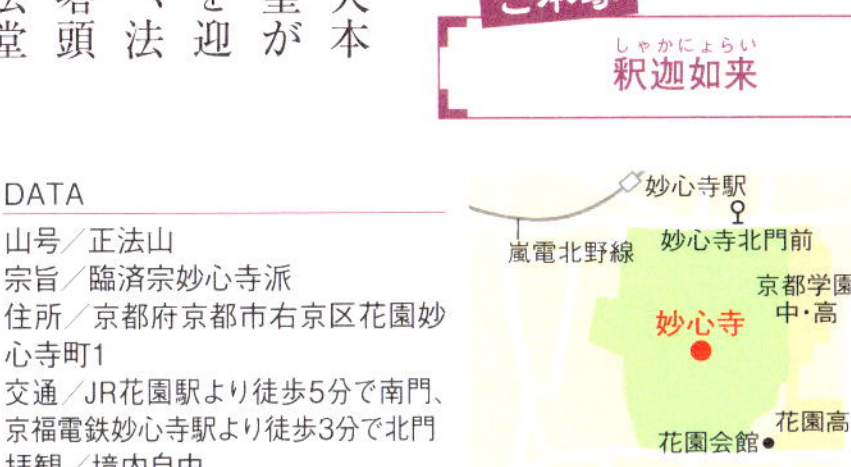

DATA
山号／正法山
宗旨／臨済宗妙心寺派
住所／京都府京都市右京区花園妙心寺町1
交通／JR花園駅より徒歩5分で南門、京福電鉄妙心寺駅より徒歩3分で北門
拝観／境内自由
拝観料／境内無料
URL www.myoshinji.or.jp/
MAP：P.2　C-1

関西の名刹

九体寺とも呼ばれる
浄瑠璃寺【じょうるりじ】

本堂に9体の阿弥陀如来を祀り
池を中心にした浄土式庭園が広がります

平安時代末期の永承2（1047）年に創建されました。山門を入ると阿字池が広がり、池の東に三重塔、西に本堂が建っています。東の三重塔は薬師如来を納め、西の本堂には阿弥陀如来を安置しています。東は此岸で現世を、西は彼岸で来世の西方浄土を示し、境内全体が浄土の世界観を表しているのです。参拝はまず三重塔で薬師如来に現世での救済を願います。通常は秘仏ですが、毎月8日の縁日には扉が開きます（ただし、好天に限る）。次に本堂へ向かいます。堂内には9体の阿弥陀如来が一列に並びます。臨終の際、迎えにきてくれる阿弥陀如来です。来迎には生前の善行により、9つの等級があるとされ、これを九品往生といいます。9体の如来は九品往生の姿を表しているのです。堂内には鎌倉時代の吉祥天女像も祀られていますが、秘仏で御開帳は正月、春季、秋季の3回です。

池を挟んで東側には薬師如来を安置する三重塔（国宝）がそびえる。塔は藤原時代の建立

関西花の寺25ヵ所の第16番札所。春のアセビが可憐です

ご本尊
阿弥陀如来（あみだにょらい）

DATA
山号／小田原山　宗旨／真言律宗
住所／京都府木津川市加茂町西小札場40
交通／奈良交通バス「浄瑠璃寺」バス停より徒歩3分
拝観／3～11月9～17時、12～2月10～16時
拝観料／境内無料、本堂400円
MAP：P.3　B-2

寄棟造の本堂（国宝）は嘉承2（1107）年建立で九体阿弥陀仏を祀る。2018年7月より、修理・修復のため年に1～2体が約5年間ご不在となる予定

①拝　②九体佛　③梵字キリークの阿弥陀如来の印＋小田原山浄瑠璃寺　④浄瑠璃寺

滋賀
京都
奈良
和歌山
大阪
兵庫

天武天皇により発願（680年）、持統天皇により本尊開眼（697年）され、文武天皇の時代になり、飛鳥で堂宇が完成。平城遷都（710年）で現在地に移された

GOODS

「薬師守り」はほかに緑、赤、紫、水色の全6色。鈴がついたお守り袋がかわいいと人気

関西の名刹

法相宗大本山
薬師寺【やくしじ】

境内には東塔と西塔などの堂宇が並び
国宝・重文指定の文化財を数多く所蔵

近鉄西ノ京駅を降りれば目の前が薬師寺です。北受付から境内に入り、参拝順路に沿って歩くと東院堂です。堂内には白鳳時代の傑作聖観世音菩薩が安置されています。さらに進めば中門。東塔と西塔がそびえます。東塔は天平2（730）年の建造、薬師寺で唯一残る創建当時の建物です（現在解体修理中）。西塔は昭和56（1981）年に再建されました。ふたつの塔の真ん中に建つのが金堂です。昭和51（1976）年の再建ですが、その資金はお写経の納経料により集められました。当時管主であった高田好胤師の尽力によるものです。

堂内には日光・月光菩薩を従えた薬師如来が祀られています。いずれも白鳳時代の作で国宝に指定されています。

元日から15日までは薬師如来の宝前に吉祥天女像が本尊として祀られ、招福を願う法要が行われます。これは奈良時代から続いている法要です。

3月下旬の花会式は十種の造花が本尊に供えられ、それはきれいです

ご本尊

薬師如来（やくしにょらい）

①西国薬師第一番奉拝　②薬師如来　③梵字バイの薬師如来を表す印と南都薬師寺印　④薬師寺

DATA
山号／なし
宗旨／法相宗
住所／奈良県奈良市西ノ京町457
交通／近鉄西ノ京駅より徒歩すぐ
拝観／8時30分～16時30分
拝観料／玄奘三蔵特別伽藍公開時1100円
URL www.nara-yakushiji.com/
MAP：P.2　C-4

聖徳太子ゆかりの世界遺産

法隆寺【ほうりゅうじ】

ご本尊

釈迦如来（しゃかにょらい）

境内は五重塔や金堂が建つ西院伽藍と東伽藍に分かれ、国宝18を含む47の建造物が並びます。東伽藍は聖徳太子の住居であった斑鳩の宮跡で、その本堂が夢殿です。甍に宝珠を戴く夢殿の堂内には聖徳太子の等身大と伝わる救世観音が祀られています。この観音は長く秘仏とされ厨子に納められていたので保存状態がよく金箔が残り、造像当初の輝きを見せています。公開は春季と秋季の2回です。

境内は約18万7000m²。南大門から入ると正面に中門、五重塔がそびえる
撮影：便利堂

①奉拝
②以和為貴
③斑鳩　以和為貴 篤敬三寶の印
④法隆寺

DATA
宗旨／聖徳宗
住所／奈良県生駒郡斑鳩町法隆寺山内1-1
交通／JR法隆寺駅より徒歩20分、「法隆寺門前」バス停下車
拝観／8～17時（11月4日～2月21日は16時30分）
拝観料／1500円
URL www.horyuji.or.jp/
MAP：P.3　B-2

光明皇后の面影を宿す観音像

法華寺【ほっけじ】

ご本尊

十一面観音菩薩（じゅういちめんかんのんぼさつ）

藤原不比等の邸宅があった場所に伽藍は建ちます。不比等の娘であり、聖武天皇の妃でもある光明皇后が不比等亡きあと、邸宅を受け継ぎ、寺院としたのです。ご本尊は光明皇后が蓮池を歩く姿を写したものとされ、蓮をかたどった台座に立ち、右足を一歩踏み出しています。公開は春、夏、秋の3回です。光明皇后は施薬院や悲田院を建て、貧窮者、病人の救済に努めた社会福祉の先駆者でもあります。

本堂は桃山時代後期の再建。境内は四季の草花が絶えない

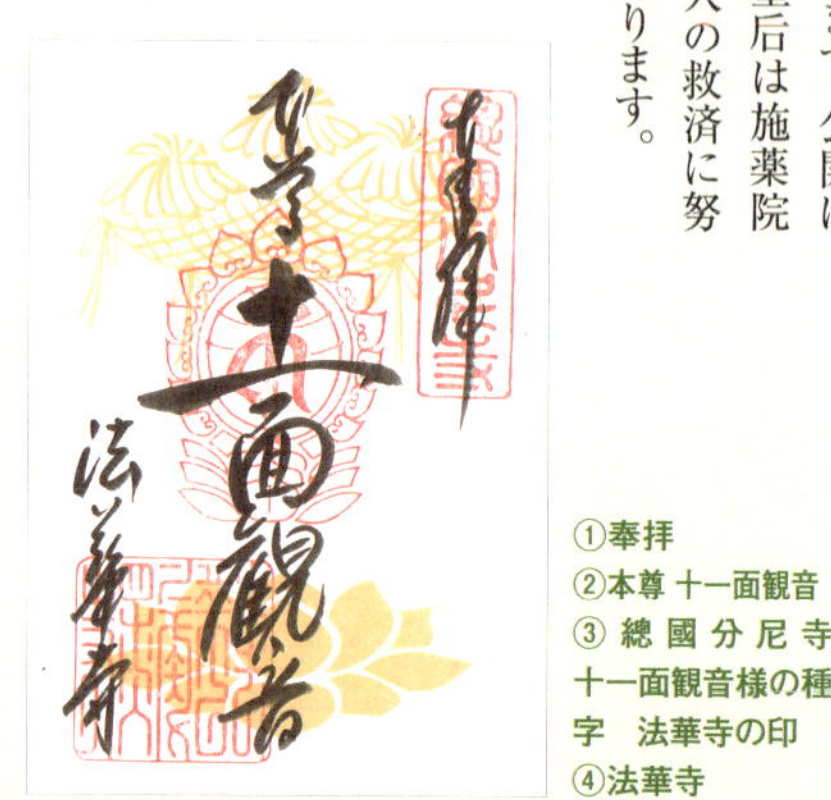

①奉拝
②本尊 十一面観音
③總國分尼寺 十一面観音様の種字　法華寺の印
④法華寺

DATA
山号／なし　　宗旨／光明宗
住所／奈良県奈良市法華寺町882
交通／「法華寺」バス停より徒歩3分、近鉄新大宮駅より徒歩20分
拝観／9～17時
拝観料／500円（ご本尊公開時700円）
URL www.hokkeji-nara.jp/
MAP：P.2　C-3

佐保山の丘陵地帯に位置。本堂は高床式で湿気が少ない。
内部は内陣と外陣に分かれ、その境に業平格子が施されている

関西の名刹

在原業平ゆかりの寺

不退寺【ふたいじ】

平安時代を代表する歌人、在原業平が聖観音立像を自ら彫り、祀ったのが最初

南門から境内に入ると右手に放生池が広がり、正面に本堂が見えます。平城天皇は大同4(809)年、譲位すると茅葺の御殿を造営しました。これが不退寺の前身です。その後、孫にあたる在原業平がここで暮らし、父の菩提を弔うため、不退転法輪寺と号する寺院に改めたのです。そこで別名を業平寺ともいいます。

境内にはツバキ、レンギョウ、スイレン、キショウブなど500種類以上の花が咲き、池には業平橋が架かります。庭園、本堂には寺院というより平安貴族の邸宅を思わせる雅な雰囲気が感じられます。

本堂に安置されているのは高さ約1.9mの聖観世音菩薩立像。業平自作と伝わり、業平観音とも呼ばれます。頭部の宝冠に幅広のリボンを蝶結びにしたような装飾が左右に施され、愛らしい印象を与える観音像です。団体客が少なく静かな時間が過ごせます。

放生池周辺は樹木が茂り、秋は紅葉の名所となる

鎌倉時代建立の本堂は国の重要文化財

ご本尊
聖観世音菩薩（しょうかんぜおんぼさつ）

不退寺
法華寺
法隆寺東
JR関西本線
44
24
奈良市役所
新大宮駅
369
近鉄奈良線
三条通
奈良駅

①奉拝　②五大力尊
③平城天皇元萱御所　(梵字不明)　不退寺の印
④不退寺

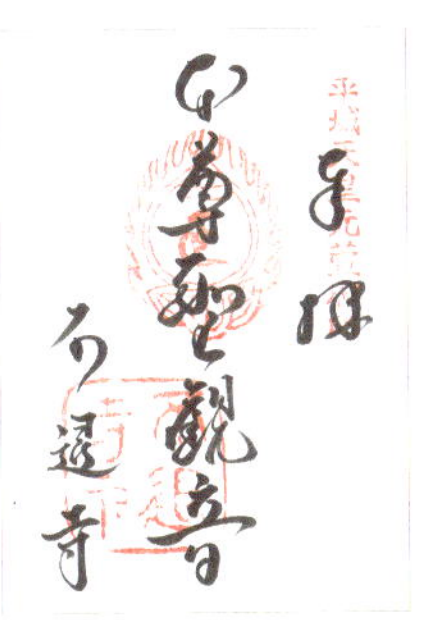

①奉拝　②本尊聖観音
③平城天皇元萱御所　(梵字不明)　不退寺の印
④不退寺

DATA
山号／金龍山　宗旨／真言律宗
住所／奈良県奈良市法蓮町517
交通／近鉄新大宮駅より徒歩15分、または「一条高校前不退寺口」バス停より徒歩3分
拝観／9～17時
拝観料／500円
URL www3.kcn.ne.jp/~futaiji/index.html
MAP：P.2　D-3

奈良！市内三寺散策

悠久の歴史を感じさせる奈良の寺々は広い境内を有する大寺も多く、ゆっくり散策したいもの。東大寺、元興寺は世界遺産に登録された古寺西大寺は東の大寺に対し、西の大寺として建立されました。

東大寺【とうだいじ】

宗旨／華厳宗
住所／奈良県奈良市雑司町406 - 1
交通／近鉄奈良駅より徒歩20分
拝観／7時30分～17時30分（4月～10月）、8時～17時（11～3月）
拝観料／600円
URL www.todaiji.or.jp/

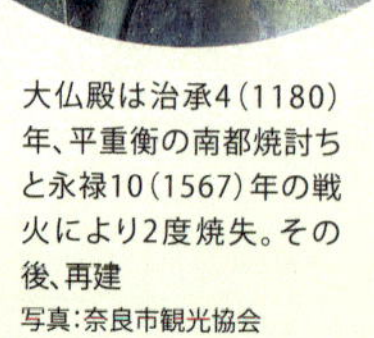
大仏殿は治承4（1180）年、平重衡の南都焼討ちと永禄10（1567）年の戦火により2度焼失。その後、再建
写真：奈良市観光協会

本尊の盧舎那仏は大仏様として親しまれています。奈良時代中期、疫病や飢饉、地震などが相次いで起こり、人々は不安な日々を過ごしていました。そこで聖武天皇は大仏を造立することで国家安泰を願ったのです。大仏は青銅で鋳造され、天平勝宝4（752）年に盛大な開眼供養が行われました。しかし、その後、兵火に遭い、大仏殿はじめ伽藍の大半が焼失。現在の建物は江戸時代の再建ですが、木造建造物としては世界最大級を誇ります。

①奉拝
②華厳
③釈迦如来を表す梵字バクの印と東大寺大仏殿の印
④東大寺

元興寺【がんごうじ】

6世紀後半、蘇我馬子が飛鳥に建立した法興寺（飛鳥寺）が最初です。「続日本記」には養老2（718）年に法興寺もこの地に移り、元興寺と名を改めました。境内に建つ極楽堂と禅室、ふたつの建物が隣り合う屋根には飛鳥時代から奈良時代に作られた古代瓦が使われています。御朱印には「智光曼荼羅」とありますが、この曼荼羅が極楽堂の本尊です。宝輪館にある奈良時代の国宝五重小塔は、光明皇后の発願により建立されたと伝わります。

宗旨／真言律宗
住所／奈良市中院町11
交通／近鉄奈良駅より徒歩15分
拝観／9～17時
拝観料／500円
URL www.gangoji-tera.or.jp/

極楽堂、禅室はともに国宝。奈良時代に僧侶の居室であった僧坊を鎌倉時代に改築
写真家：桑原英文

①元興寺創建千三百年 奉拝 ②智光曼荼羅 ③阿弥陀如来の印相を表した印 ④元興寺 ⑤元興寺印

①元興寺創建千三百年 奉拝 ②佛法元興 ③阿弥陀如来の印相を表した印年 ④元興寺印

西大寺【さいだいじ】

天平宝字8（764）年の創建で当時は100以上の堂宇が並ぶ大寺でした。再三の災害で規模を縮小、鎌倉時代半ばになり再建され、ほぼ現在の姿になりました。本堂には鎌倉時代の釈迦如来立像、文殊菩薩騎獅像が安置されていますが、いずれも重要文化財に指定されています。また、四王堂の四天王像は踏まれている邪鬼が創建当時の作とされます。正月と春、秋に行われる大茶盛式は直径約40㎝の大茶碗で頂く茶会として有名です。

山号／勝宝山 宗旨／真言律宗
住所／奈良県奈良市西大寺芝町1-1-5
交通／近鉄西大寺駅より徒歩3分
拝観／8時30～16時30分（諸堂により異なる）
拝観料／共通券1000円
URL saidaiji.or.jp/

本堂は宝暦2（1752）年の建立。奈良市屈指の巨大な仏堂で重要文化財
写真：奈良市観光協会

①天平神護元年称徳天皇勅願 奉拝 ②釈迦如来 ③釈迦如来を表す梵字バクの印 ④西大寺 ⑤西大寺印

関西の名刹

宝山寺【ほうざんじ】

通称は生駒の聖天さん

弘法大師も修行したと伝わる修行道場
境内からは奈良の街並みも見下ろせます

生駒山は古来、神や仙人が住む山とされてきました。寺伝によれば7世紀に役行者が梵文般若経を書写して山中の般若窟に納めたといいます。

延宝6（1678）年、湛海律師は生駒山に入り、大聖歓喜天を祀り、およそ10年をかけて堂宇を建立しました。

境内にはケーブルカーで登ります。表参道を行くと鳥居があります。歓喜天は穢れを嫌うことから鳥居をくぐり、身を清めてお参りするのです。

本堂は貞享5（1688）年の建立で境内のなかでは最古の建物、湛海律師自作の不動明王を祀ります。本堂の背後には岩山がそびえます。これが役行者ゆかりの般若窟です。本堂に隣接して建つ聖天堂拝殿は、外拝殿、中拝殿、聖天堂の屋根が重なる風変わりな外観の建物です。境内奥の多宝塔から石段を上ると奥の院、さらに大黒堂まで進めば眼下に奈良市街が見渡せます。

生駒山中腹に位置。縁日は毎月1日と6日。毎年4月1日は大護摩会式があり、にぎわう。12月1日には生駒聖天厄除大根炊きが行われる

4月1日大護摩会式、9月23日お彼岸万燈会などの行事があります

ご本尊

不動明王（ふどうみょうおう）

DATA

山号／生駒山　宗旨／真言律宗
住所／奈良県生駒市門前町1-1
交通／近鉄奈良線生駒駅よりケーブルカー宝山寺下車
拝観／8時〜16時30分（10〜3月は16時）
拝観料／無料
URL www.hozanji.com/
MAP：P.3　B-2

①近畿第二十九番生駒山　②不動明王
③梵字カーンの不動明王を表す印
④宝山寺
⑤大和國生駒山宝山寺

①生駒山　②歓喜天
③梵字ギャクギャクの歓喜天を表す印　④宝山寺
⑤大和國生駒山宝山寺

2000株のバラが咲く

平和を願い、安らぎを感じてもらおうと境内には4000m²のバラ庭園があります

霊山寺【りょうせんじ】

霊山寺の建つ富雄は古事記には「登美」と記されています。遣隋使小野妹子の息子と伝わる右大臣小野富人は弘文天皇元（672）年、職を辞して登美山に閑居。薬師如来のお告げにより、薬草を栽培し薬草湯屋を建て、薬師三尊を祀り、病人を治療しました。その後、聖武天皇は登美山の薬師如来に皇女の病気平癒を祈願し、成就したことを喜び、天平6（734）年、この地に僧行基を開基とする寺院を建立。2年後にはインドから来日したバラモン僧が故郷の霊鷲山に似ていることから、霊山寺と名づけました。これが寺に伝わる縁起です。境内には国宝の本堂、重要文化財の三重塔、鐘楼、鎮守社殿などが並びます。バラ庭園は母子像や噴水などが配され、初夏と秋に200種のバラが咲き競います。庭園の一角にはテラスもあり、開花期にはローズティーが楽しめます。

平安時代には弘法大師が訪れ、奥の院に大弁財天を祀ったという。鎌倉時代には北条氏の帰依が篤く、本堂の改築などが行われた

総高約17mの三重塔は鎌倉時代建立とされる

十二支と星座を組み合わせた守本尊が安置された八体仏霊場

①聖武天皇勅願所奉拝　②本尊薬師如来　③梵字バイの薬師如来を表す印　④霊山寺　⑤大和國霊山寺の印

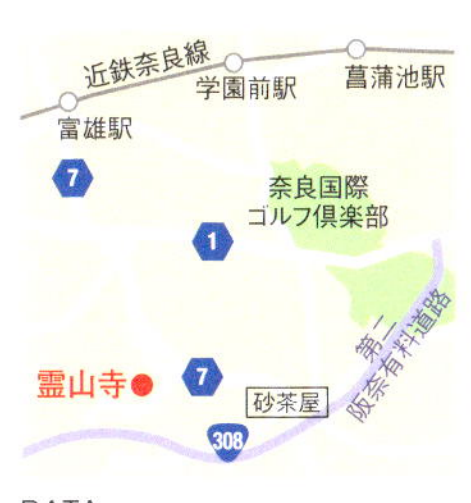

DATA

山号／登美山鼻高　宗旨／霊山寺真言宗
住所／奈良県奈良市中町3879
交通／近鉄奈良線富雄駅より奈良交通バス「霊山寺」バス停下車
拝観／10～16時、バラ園8～17時
拝観料／500円（バラ開花期600円）
URL www.ryosenji.jp/
MAP：P.3　B-2

奈良時代末期の宝亀年間（770～80年）に創建。室生山の山麓から中腹に境内が広がり、金堂、弥勒堂、五重塔などが並び、奥の院には弘法大師を祀る御影堂が建つ

関西の名刹

室生寺【むろうじ】

女人高野と呼ばれる

女人禁制の高野山に対し、同じ真言宗でも女性の参拝を許したことに由来する別名です

室生山の山奥に位置。境内は針葉樹の緑があふれ、山の静寂に包まれています。仁王門を入り、鎧坂と名づけられた石段を上がると金堂です。堂内では堂々とした釈迦如来立像が迎えてくれます。その像高は約2m35cm、優美ながら迫力ある一木造です。左右には薬師如来立像、地蔵菩薩立像、文殊菩薩立像、十一面観音菩薩立像、前には十二神将像が一列に立ち並びます。

金堂から参道を進めば本堂（潅頂堂）があります。延慶元（1308）年の建立で、穏やかな表情の如意輪観音菩薩が祀られています。

さて、室生寺といえば五重塔とシャクナゲが有名です。五重塔は高さ約16m、屋外に建つ五重塔としては国内で最も小さく、法隆寺五重塔に次ぐ古塔です。周辺にはシャクナゲが移植され4月中旬から紅色の花を咲かせます。塔の左手からは奥の院への石段が続きます。

優美な姿を見せる五重塔

金堂は平安時代初期の建物

ご本尊

如意輪観音菩薩（にょいりんかんのんぼさつ）

DATA

山号／宀一山　宗旨／真言宗
住所／奈良県宇陀市室生78
交通／近鉄室生口大野駅よりバス14分、「室生寺」バス停下車
拝観／4～11月8時30分～17時、12～3月9～16時
拝観料／600円
URL www.murouji.or.jp/
MAP：P.3　B-3

①真言三道場之随一　三国無雙精進峯　奉拝　②如意輪観世音　③梵字キリークの如意輪観音を表す印　④女人高野　室生寺　⑤室生寺の印

①真言三道場之随一　三国無雙精進峯　奉拝　②十一面観世音　③梵字キャの十一面観音を表す印　④女人高野　室生寺　⑤室生寺の印

世界遺産、修験道の聖地

寺伝によれば7世紀後半の創建
開基は修験道の開祖役小角とされます

金峯山寺【きんぷせんじ】

蔵王堂は重層入母屋造、桧皮葺き、高さ34m、四方36mという堂々とした造り。木造古建築物としては東大寺大仏殿に次ぐ大きさ

金峯山は古くは吉野山から大峯山山上ヶ岳にかけての一帯を称し、聖域とされてきました。この地で役小角は1000日の苦行を行い、金剛蔵王大権現を感得。そして、その姿を山桜に彫り、蔵王堂に祀りました。これが金峯山寺の開創と伝わります。蔵王堂は平安時代には焼失と再建を繰り返したとされ、現在の建物は天正20(1592)年頃のものです。

堂内は檜や杉など68本の柱が建ち、壮観な眺め。ご本尊は3体の金剛蔵王権現です。3体とも像高7mほどの大きさで全身は青黒色、悪魔を調伏するため憤怒の表情です。通常は秘仏ですが、不定期で御開帳もあります。吉野山といえば桜の名所ですが、その桜は平安時代から植えられ続けたもの。ご本尊を彫ったのが桜とされるため、参詣者が桜を奉納し続けた結果、現在のようになったのだそうです。

GOODS
集印帖（左1500円、右1200円）。表紙には蔵王堂の堂々とした姿が箔押しされている

一般を対象にした「回峯行者といく体験修行」を開催しています

ご本尊
金剛蔵王権現（こんごうざおうごんげん）

①吉野山 寺宝めぐり奉拝　②蔵王堂
③梵字ウーンの蔵王権現を表す印
④金峯山寺
⑤吉野山蔵王堂

近鉄吉野線
吉野
千本口
吉野ロープウェイ
吉野山
金峯山寺
37
15
如意輪寺
257

DATA
山号／国軸山　宗旨／金峯山修験本宗
住所／奈良県吉野郡吉野町吉野山
交通／近鉄吉野駅下車徒歩またはバス
拝観／8時30分～16時30分
拝観料／境内無料、蔵王堂500円（特別拝観時を除く）
URL www.kinpusen.or.jp/
MAP：P.3　B-3

滋賀・京都 奈良・和歌山

授与品

お守りのほかに手拭いなど参拝の記念品も揃っています

聖護院

抹茶の香がほんのり

聖護院門跡オリジナル。山伏がデザインされた小箱に入った抹茶飴。600円

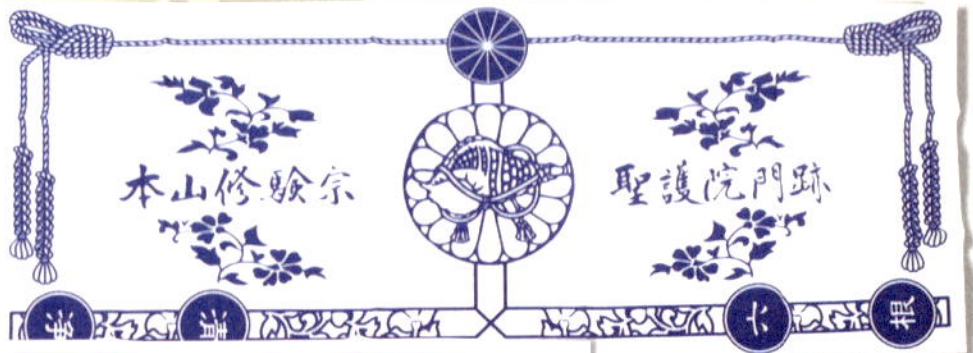

キャラがかわいい

ホラ貝と菊を合わせた寺紋を中心に寺名を大きく染め抜いた手拭いと聖護院御伽草子のキャラクターを配した手拭い。各500円

大覚寺

開運厄除を願うお守り「五大明王御守護」。700円

高台寺

良縁を招く「縁結び御守」は豊臣秀吉と北政所のイラスト。クールな黒字の御守は裏に「開運　高台寺」の文字を刺繍

法起院

閻魔様のピンバッジ

「葉書御守」500円。境内にある「葉書きの木」にちなみ、描かれているのははがき

徳道上人が閻魔大王に会い霊場を創始した故事に由来する散華型ピンバッジ

御朱印帳コレクション

華やかな表紙、ユニークな表紙の御朱印帳です

二

バラをデザイン、霊山寺

重要文化財の三重塔と境内に広がる庭園に咲くバラを箔押しした表紙。各1200円

色鮮やかな表紙、永源寺

永源寺は紅葉の名所。愛知川の流れに鮮やかな紅葉が映える。各1500円

若冲ゆかりの宝蔵寺ならでは

境内に伊藤若冲の墓所があり、作品を所蔵。ドクロと鶏のユニークな表紙。2000円と2200円の2種類

表紙は寺紋、妙心寺

ダークな色合いに寺紋を描いた御朱印帳。海北友松の絵をあしらったケース付き

ウサギと牡丹の表紙、大覚寺

正寝殿の腰障子に描かれた野兎がモチーフ。宸殿の牡丹の間を飾る襖絵のボタンをデザイン。各1800円（御朱印料含む）

御室桜と二王門、仁和寺

明るいピンク色の布貼りの表紙には御室桜、裏には五重塔を刺繍。紺色の表紙には二王門と裏に五重塔を刺繍。カバー付き。各1200円

和歌山! 高野山めぐり

高野山は東西6km、南北3kmの盆地です。ここに弘法大師が密教の道場を開きました。その中心が壇上伽藍、奥之院、金剛峯寺です。宿坊も多く、金剛三昧院は、世界遺産に登録されています。

大主殿は東西約60m、南北約70mという壮大な建物。大玄関、小玄関がある

山内で最古の建造物が正門。延宝8（1680）年の再建

金剛峯寺【こんごうぶじ】

高野山は弘法大師が開いた真言密教の道場です。標高800mの盆地には117ヵ寺以上の寺院が並び、宗教都市を形成しています。金剛峯寺は高野山真言宗3600ヵ寺の総本山で布教活動を行う拠点となっています。檜皮葺きの大屋根をもつ大主殿は豊臣秀吉が亡き母の菩提を弔うために建立したのが最初で文久3（1863）年に再建されました。境内は高野山全域、これを「一山境内地」といいます。本堂は壇上伽藍に建つ金堂です。

山号／高野山　宗旨／高野山真言宗
住所／和歌山県伊都郡高野町高野山132
交通／山内バス「金剛峯寺前」バス停下車
拝観／8時30分～17時
拝観料／500円
URL www.koyasan.or.jp/

①高野山奉拝+高野山 ②梵字ユ+遍照金剛 ③弘法大師を表す梵字ユの印 ④金剛峯寺 ⑤高野山金剛峯寺之印

多宝塔。外観は2階建てに見えるが実際は1階建て

金剛三昧院【こんごうさんまいいん】

山号／高野山　宗旨／高野山真言宗
住所／和歌山県伊都郡高野町高野山425
交通／山内バス「千手院橋」バス停より徒歩5分
拝観／7～17時（季節により変更あり）
拝観料／300円（冬期は無料）
URL www.kongosanmaiin.or.jp/

愛染明王や頼朝、政子の位牌を祀る本堂。境内は初夏にはシャクナゲの群生が見事

源頼朝の菩提寺として建暦元（1211）年に建立された禅定院という寺院が前身です。その後、北条政子が寺院を拡大、金剛三昧院と改めました。境内左側に建つ、高さ15mの多宝塔（国宝）は、貞応2（1223）年の建造で高野山に現存する最古の建築物です。塔の内部には快慶作と伝わる五智如来像が安置されています。静かな境内には経蔵、本坊、庫裏、四所明神社などの重要文化財が建ち並びます。宿坊として利用できます。

①仏塔霊場第十一番　奉拝+高野山　②梵字ウーン+阿閦如来　④金剛三昧院

奥之院【おくのいん】

住所／和歌山県伊都郡高野町高野山奥之院
交通／山内バス「奥之院口」バス停
御朱印受付／8～17時（冬期は変更あり）
拝観料／無料

参道には巨大な杉がそびえ、供養塔が並ぶ

御廟へは橋を渡る。橋を渡る前には一礼。橋の裏には梵字が刻まれている

弘法大師は承和2（835）年、入定しました。入定とは瞑想に入ったという意味です。高野山では、大師は衆生を救うため、奥之院の御廟で今も瞑想を続けているとされています。奥之院は大師が生きている聖地なのです。御廟の前には燈籠堂が建ち、堂内には千年近くともり続けるふたつの「消えずの火」があります。祈親上人、白河上皇が奉納した灯明です。奥之院には樹齢700年もの杉が茂り、20万基以上の墓碑や供養塔が並びます。

①高野山奥之院　奉拝+高野山　②梵字ユ+弘法大師　③弘法大師を表す梵字ユの印　④奥之院　⑤高野山奥之院

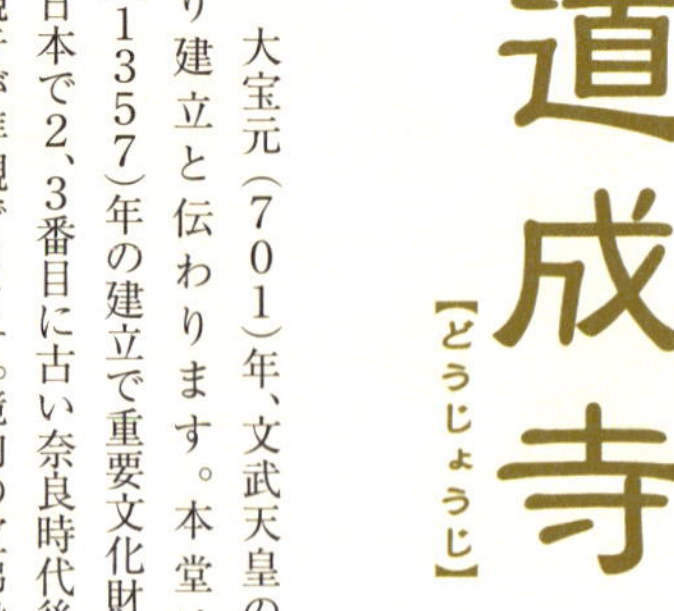

和歌山県最古の寺院

道成寺【どうじょうじ】

大宝元（701）年、文武天皇の勅願により建立と伝わります。本堂は正平12（1357）年の建立で重要文化財。本堂では日本で2、3番目に古い奈良時代後期の千手観音が拝観できます。境内の宝佛殿には国宝の本尊の千手観音像、祀られています。

安珍、清姫の物語は「道成寺物」として知られ、縁起堂ではこの物語を絵巻物で紹介する「絵とき説法」を毎日行っています。

ご本尊
千手観音菩薩（せんじゅかんのんぼさつ）

DATA
山号／天音山　宗旨／天台宗
住所／和歌山県日高郡日高川町鐘巻1738
交通／JR道成寺駅より徒歩すぐ
拝観／9～17時
拝観料／600円
URL www.dojoji.com/
MAP：P.3　A-4

境内には本堂、仁王門、三重塔、護摩堂、縁起堂、宝佛殿などが建ち並ぶ

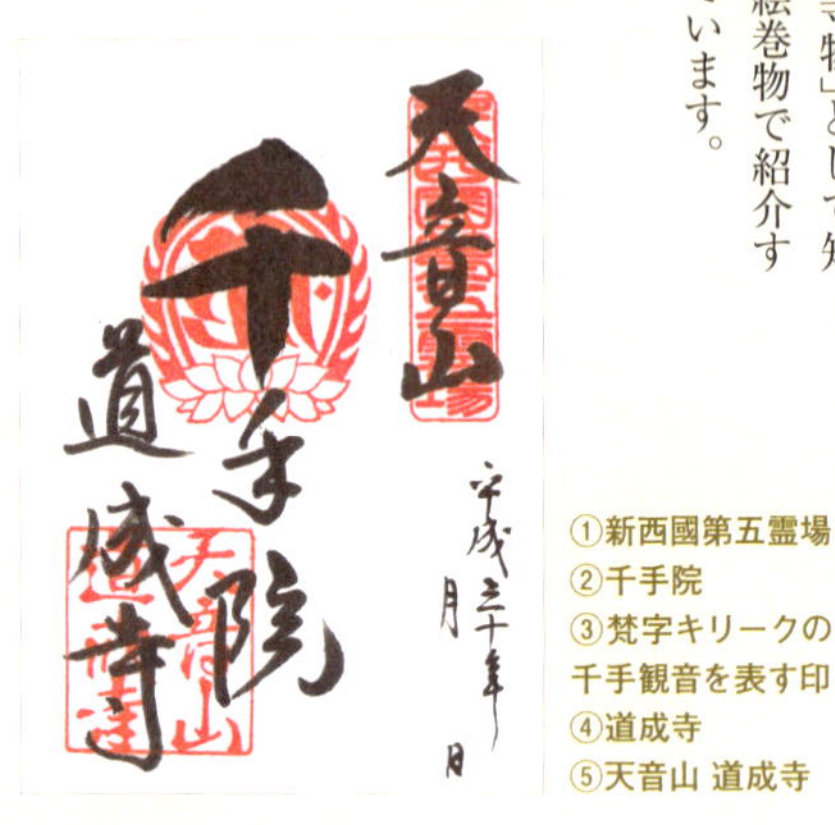

①新西國第五霊場
②千手院
③梵字キリークの千手観音を表す印
④道成寺
⑤天音山 道成寺

役行者開山の聖地

救馬渓観音【すくまだにかんのん】

修験道の開祖、役行者が飛鳥時代に開山、その後天暦7（953）年、空也上人が自ら刻んだ観音像を安置したのが始まりと伝わります。熊野本宮へ山間を通って参拝する中辺路と海岸沿いの参拝路大辺路の分岐点に位置するため、熊野詣の安全を祈願する寺としても知られています。毎年3月に行われる初午祭は全山あげての厄除大祭となり、大投餅は紀南随一とされ、名物行事になっています。

ご本尊
馬頭観世音菩薩（ばとうかんぜおんぼさつ）

DATA
山号／瀧尾山　宗旨／真言宗
住所／和歌山県西牟婁郡上富田町生馬313
交通／JRきのくに線朝来駅よりタクシー5分
拝観／自由
拝観料／無料
URL www.sukuma.or.jp/
MAP：P.3　A-4

ご本尊は快慶の作とされる。御開帳は午年の旧暦初午の日

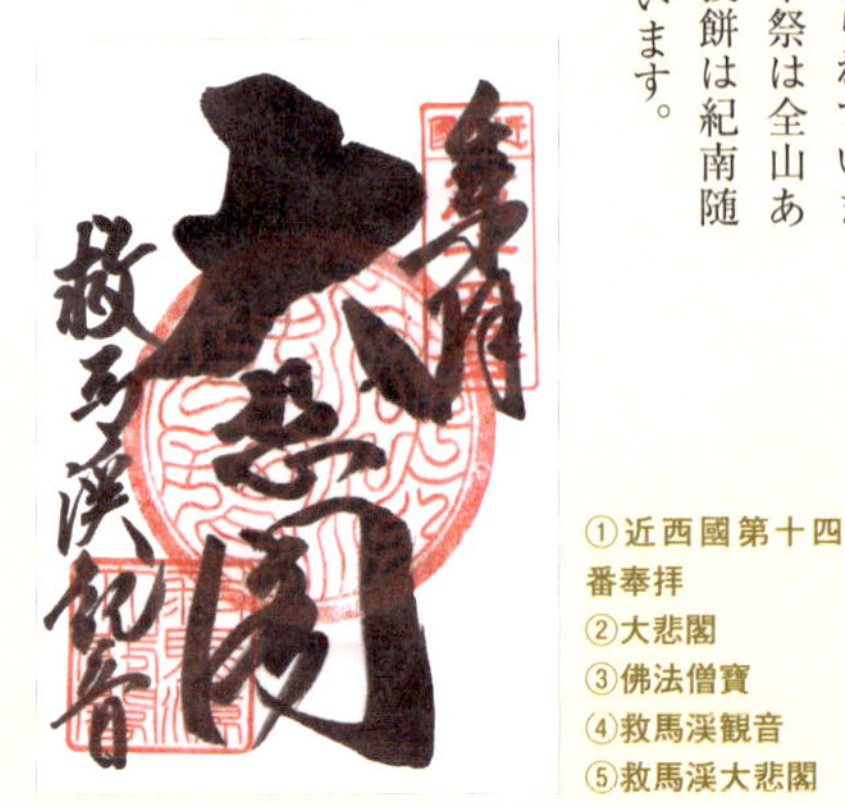

①近西國第十四番奉拝
②大悲閣
③佛法僧寶
④救馬渓観音
⑤救馬渓大悲閣

新義真言宗総本山
根來寺【ねごろじ】

開山以来約900年の歴史を有し、山内には木造としては日本最大の大塔が建っています

大塔は高さ40m、横幅15m。木造としては日本最大の規模。ほかに重要文化財の大師堂、不動堂などが建つ

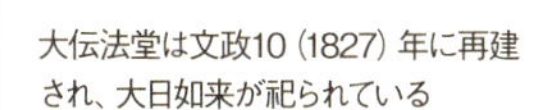

大伝法堂は文政10（1827）年に再建され、大日如来が祀られている

GOODS

御朱印帳には大塔と山々の風景が表紙にデザインされている

高野山で真言密教を修めた興教大師が長承元（1132）年に開創しました。中世には多くの学僧を抱える大寺となり、戦国時代にはさらに勢力を増し、ルイス・フロイスが著書『日本史』で紹介するほどでした。しかし、この勢力を恐れた豊臣秀吉が攻め入り、2、3の堂宇を残し、すべてを破壊してしまいます。江戸時代になり、徳川家の庇護を受け、復興しました。

秀吉の焼き討ちでも崩壊しなかったのが大塔です。大塔は正式名称を大毘盧遮那法界体性塔といいます。天文16（1547）年に完成し、国宝に指定されています。

大塔に隣接する大伝法堂は本堂にあたり、僧侶が厳しい修行をする場所でもあります。奥の院には開山興教大師の廟所があり、静寂に包まれています。御朱印は本坊寺務所、不動堂の2ヵ所で頂けます。

不動堂。正八角形になっているのは珍しい

①御廟奥之院奉拝　②興教大師　③梵字タラークの虚空蔵菩薩を表す印　④根來寺　⑤総本山根來寺

①勅願所奉拝　②大日如来　③梵字バンの大日如来を表す印　④根來寺　⑤総本山根來寺

DATA

山号／一乗山　宗旨／新義真言宗
住所／和歌山県岩出市根来2286
交通／JR阪和線和泉砂川駅またはJR和歌山線岩出駅からバスで「根来寺」バス停下車
拝観／9時10分～16時30分（11～3月は16時）
拝観料／500円
URL www.negoroji.org/
MAP：P.3　A-3

慈尊院【じそんいん】

弘法大師母公ゆかりの寺

高野山の玄関口にあたり、四国の善通寺から弘法大師を訪ねた母公が晩年を過ごしました

弘仁7（816）年、弘法大師が開創。弥勒堂は平安時代末期の建立で国宝。またユネスコの世界遺産に登録されている。ご本尊は21年に一度の御開帳

子授け、良縁を願う絵馬。なかには乳房型絵馬もある

弘法大師は高野山を開く際、高野山参詣への要所に当たる地に表玄関として慈尊院を建立しました。境内は高野山山上へ登る町石道の出発点となっています。弘法大師の母公玉依御前は大師に会いに現在の香川県にある善通寺から来訪しますが、高野山は女人禁制。そこでこの寺に滞在します。大師は町石道を往復して、たびたび、母公を訪ね、母公が亡くなると廟所を建て、自作の弥勒菩薩を祀りました。以後、慈尊院は弘法大師と母公の結縁寺、女人高野として広く知れわたり、多くの女性たちが参拝に訪れるようになったのです。絵馬掛けには珍しい乳房型絵馬が数多く奉納されています。安産、授乳、子宝を願う絵馬です。最近では乳癌の予防・平癒を願う奉納も増えています。女性らしい願いがこもった絵馬なのです。授与所では乳癌平癒御守も頒布しています。

乳がん平癒御守（500円）のお守り袋は西陣織製

ご本尊

弥勒菩薩（みろくぼさつ）

①弘法大師御母公　奉拝　女人高野
②弥勒佛　③梵字ユの弥勒菩薩を表す印
④慈尊院　⑤女人高野万年山慈尊院

GOODS

高野山へ参拝者を案内した案内犬ゴンがデザインされたペットの御守（500円）

JR和歌山線
高野口
大野
24
高野口小
名倉東
紀ノ川
4
紀ノ川高野口第一緑地
慈尊院
丹生橋東詰
柿の郷くどやま

DATA

山号／万年山
宗旨／高野山真言宗
住所／和歌山県伊都郡九度山町慈尊院832
交通／南海高野山線九度山駅より徒歩23分
拝観／8～17時
拝観料／無料
URL www.jison-in.org
MAP：P.3　A-3

首大仏を祀る
無量光寺
【むりょうこうじ】

ご本尊
阿弥陀如来（あみだにょらい）

境内に祀られた首大仏（おぼとけ）はその名の通り、頭部だけの大仏です。もともとは大福寺に安置されていた大仏でしたが、火災で焼失。復興を目指し、天保6（1835）年、大仏の溶けた銅で頭部を造りました。その後、胴体を鋳造する予定でしたが、資金面で断念。さらに大福寺は廃寺となったため、本山である無量光寺に据えられたのです。首大仏は高さ約3m。威容を誇っています。

無量光寺は紀州藩10代藩主徳川治宝の命により徳本上人を開山として建立

①和歌山西國第八番　②本尊阿弥陀如来　③紀伊の大佛 和歌山市吹上 無量光寺　④里宮山 無量光寺璽

DATA
山号／里宮山　宗旨／浄土宗
住所／和歌山県和歌山市吹上5-1-35
交通／JR和歌山駅から和歌山バス15分「小松原」バス停下車、徒歩10分
拝観／自由　拝観料／無料
※御朱印は書き手不在時は書き置き対応
MAP：P.3　A-3

紀州徳川家歴代廟所
長保寺
【ちょうほうじ】

寺伝では長保2（1000）年、一条天皇の勅願を受け、性空上人により創建。寛文6（1666）年、紀州徳川家初代藩主頼宣により菩提寺に定められました。大名家の墓所としては日本一の広さを誇ります。本堂は鎌倉時代の建立。多宝塔、大門はいずれも南北朝時代の建立で国宝。この3つの建造物が揃って国宝なのは長保寺と法隆寺だけです。

本堂は和様と唐様の折衷様式。廟所の広さは山中に約1万坪と広大

①轉法輪所　奉拝
②國寶世雄殿
③梵字バクの釈迦如来を表す印
④長保寺
⑤長保寺印

DATA
山号／慶徳山　宗旨／天台宗
住所／和歌山県海南市下津町上689
交通／JRきのくに線加茂郷駅よりタクシー10分、または下津駅より徒歩35分
拝観／9〜16時
拝観料／300円
URL www.chohoji.or.jp/
MAP：P.3　A-3

四天王寺【してんのうじ】

日本仏法最初の官寺

聖徳太子は崇仏派の蘇我氏が物部氏との合戦に勝利することと衆生救済のために誓願され建立したと伝わります

第2次世界大戦後に再建された伽藍は鉄筋コンクリート造。毎月21日、22日、春秋季彼岸会、お盆期間中の伽藍は拝観無料

大都会の街なかに建つ歴史のある古寺

推古天皇元（593）年の建立です。『日本書紀』によれば聖徳太子は自ら四天王を彫り、蘇我氏の戦勝と衆生救済を誓願し、祈願成就のお礼に四天王を安置する四天王寺を建立したとあります。伽藍配置は南から北へ中門、五重塔、金堂、講堂が一直線に並び、それを回廊が囲む形式がとられています。四天王寺式伽藍配置と呼ばれますが、この原形は中国、朝鮮半島に見られ、6、7世紀の様式を今に伝える貴重な建築様式とされています。

堂宇は昭和20（1945）年の大阪大空襲でほぼ全域が焼失。戦後になり、再興されました。再建では創建当時の様式を忠実に再現、古代の建築様式がよみがえりました。毎年4月22日には聖徳太子の命日をしのび、聖霊会舞楽大法要が行われます。これは法要と豪華絢爛な舞楽が一体になった行事で国の重要無形民俗文化財に指定されています。

①大日本佛法最初　②奉拝
③大悲殿　④佛法僧
⑤四天王寺
⑥荒陵山四天王寺の印

GOODS
聖徳太子に親しみをもってもらおうと考案した聖徳太子キューピーストラップ

ご本尊
救世観世音菩薩（くぜかんぜおんぼさつ）

四天王寺前夕陽ケ丘
五條宮前
地下鉄谷町線
四天王寺高
谷町筋
四天王寺
天王寺公園
天王寺駅
北河堀

DATA
山号／荒陵山　宗旨／和宗
住所／大阪府大阪市天王寺区四天王寺1-11-18
交通／JR・御堂筋線天王寺駅より徒歩12分、谷町線四天王寺前夕陽ケ丘駅より徒歩5分
拝観／境内自由、中心伽藍は8時30分～16時30分（10～3月は16時）
拝観料／境内無料、中心伽藍300円
URL www.shitennoji.or.jp/
MAP：P.2　D-4

仏殿は重要文化財

南宗寺【なんしゅうじ】

ご本尊
釈迦牟尼仏（しゃかむにぶつ）

弘治3（1557）年、三好長慶が父の菩提を弔うために建立。大坂夏の陣で焼失後、沢庵宗彭らにより、現在地に再建されました。承応2（1653）建立の仏殿は禅宗建築技法を用いた建造物としては大阪府下で唯一の仏殿建築で堂内の天井には八方睨みの龍が描かれています。方丈の南庭として作られた枯山水は江戸初期に作られたとされ、石橋と枯滝がよく調和した庭園で国の指定名勝です。

千利休が修行した寺でもあり、一門の供養塔がある

DATA
山号／龍興山
宗旨／臨済宗大徳寺
住所／大阪府堺市南旅篭町東3-1-2
交通／阪堺電軌阪堺線御陵前駅より徒歩5分
拝観／9～16時
拝観料／400円
MAP：P.3　A-3

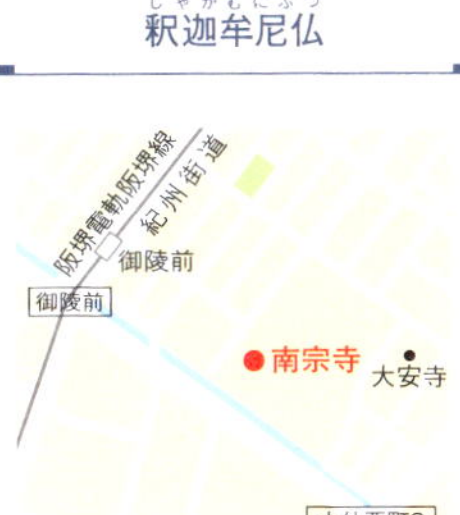

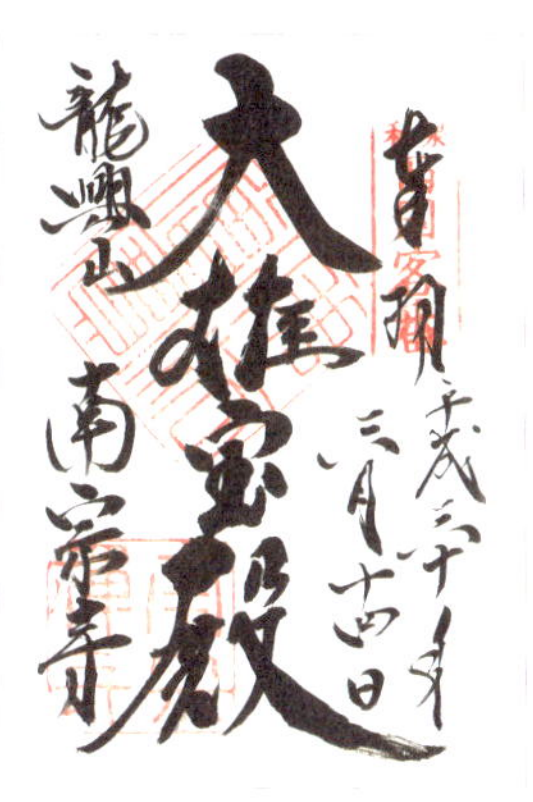

①和泉西国客番奉拝
②大雄宝殿
③佛法僧寶
④龍興山 南宗寺
⑤南宗禅寺印

ご本尊は菅原道真作

道明寺【どうみょうじ】

ご本尊
十一面観世音菩薩（じゅういちめんかんぜおんぼさつ）

菅原道真の祖先とされる豪族土師氏の氏寺として建立されたと伝わります。当時は四天王寺式の伽藍があり、三門、五重塔、金堂等が建つ大寺でした。平安時代には道真の叔母覚寿尼が入寺、道真はしばしば訪ね、自身で彫った十一面観音を奉納しました。延喜元（901）年、太宰府に左遷される途中にも叔母を訪ねています。ご本尊は毎月18日、25日、年始、4月17日に拝観できます。

道明寺桜餅等、和菓子の材料「道明寺粉」発祥の寺としても有名

DATA
山号／蓮土山
宗旨／真言宗御室派
住所／大阪府藤井寺市道明寺1-14-31
交通／近鉄線土師ノ里・道明寺駅より徒歩7分
拝観／9～16時30分
拝観料／無料（国宝等の拝観日500円）
URL www.domyoji.jp/
MAP：P.3　B-3

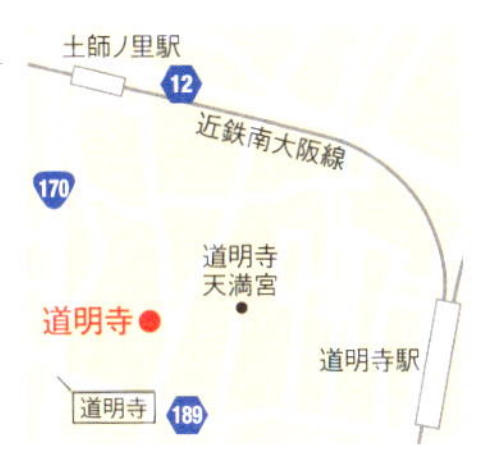

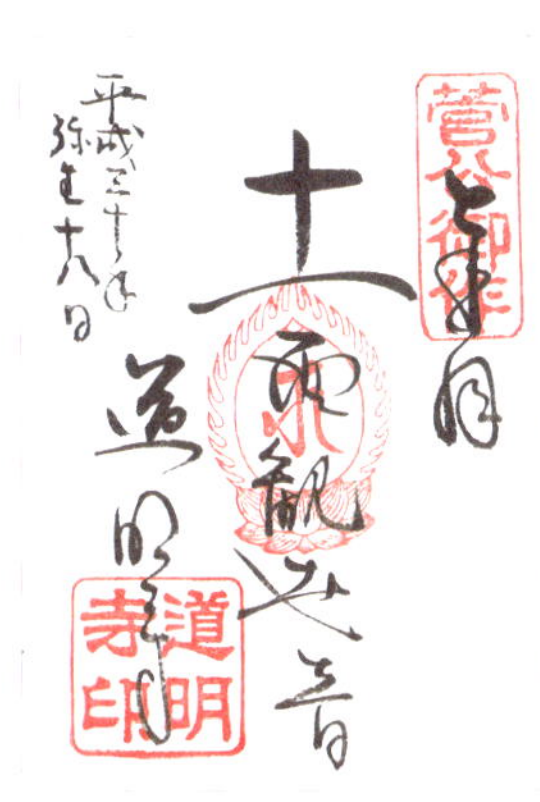

①菅公御作奉拝
②十一面観世音
③梵字ワの十一面観音を表す印
④道明寺
⑤道明寺印

観心寺【かんしんじ】

国宝如意輪観音を祀る

魅惑的なポーズの秘仏如意輪観音像は平安時代の密教美術最高傑作といわれます

中門を入ると楠木正成ゆかりの中院がある

文武天皇の大宝元（７０１）年、役小角によって開かれました。大同３（８０８）年、弘法大師は人々を災難から救済するという北斗七星を境内に祀り、７年後には厄除けのため如意輪観音を自ら刻み、本尊として祀りました。その後、後醍醐天皇が深く帰依、楠木正成に金堂外陣造営の奉行を命じ、現在の金堂が完成します。延元元年（１３３６）年、足利尊氏と後醍醐天皇の間で戦われた湊川の戦いで正成が討死すると首級が送られ、境内に葬られました。

本尊如意輪観音菩薩は像高約１０９ｍ、６本の腕をもつ坐像で彩色が残ります。全体にふくよかな体躯で頬に右手を当て、衆生救済の考えにふける表情がどこか物憂げです。通常は拝観できませんが、毎年４月17日、18日に御開扉があります。金堂は大阪府下で本堂としては最古の国宝建造物です。

金堂は室町時代初期の建立。本尊の脇侍に不動明王、愛染明王を祀る

「阿字観」（瞑想法）と「絵写経」の体験を行っています。実施日はHPで

ご本尊

如意輪観音菩薩（にょいりんかんのんぼさつ）

平成二十九年
国宝如意輪観音御開帳記念
四月十八日
遺跡本山
観心寺

①平成二十九年国宝如意輪観音御開帳記念　②如意宝殿　③梵字キリークの如意輪観音を表す印　④遺跡本山観心寺　⑤　河内國観心寺伽藍印

GOODS

小花を表紙にあしらった趣のある御朱印帳。ほかに如意輪観音の御朱印帳（P.33）が好評（すべて1500円）

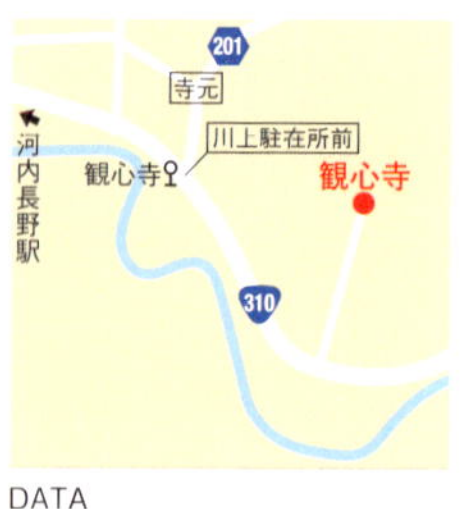

DATA

山号／檜尾山　宗旨／高野山真言宗
住所／大阪府河内長野市寺元475
交通／近鉄河内長野駅から南海バス15分、「観心寺」バス停下車
拝観／9～17時（御開扉日は10～16時）
拝観料／300円（御開日は700円）
URL www.kanshinji.com/
MAP：P.3　A-3

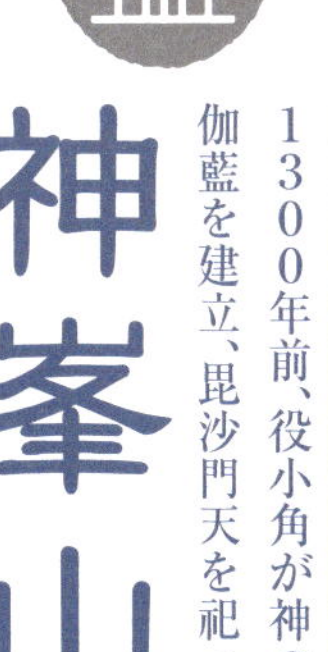

神峯山寺【かぶさんじ】

日本最初の毘沙門天

1300年前、役小角が神のお告げにより伽藍を建立、毘沙門天を祀ったと伝わります

本尊は3体の毘沙門天でいずれも秘仏。本尊を安置する本堂は安永6（1777）年の再建。境内は紅葉の名所としても有名

毘沙門天に祈願する護摩祈願

原生林が残る山林に囲まれ堂宇がたたずみます。神峯山寺が位置する一帯は古来、山岳宗教の霊場として知られていました。文武天皇元（697）年、役小角はこの地で金比羅童子という山の神に出会い、童子が彫った毘沙門天を授けられます。役小角は伽藍を建立し、その毘沙門天を祭祀したのが最初と伝わります。その後、桓武天皇の実父光仁天皇の勅願所となり、皇族の信仰を集めてきました。戦いの神とされる毘沙門天を祀ることから、楠木正成、足利義満が帰依したとされ、戦国武将松永久秀は厚い信仰を寄せました。

江戸時代、太平の世になると商売繁盛の神様とされ、豪商鴻池善右衛門は参道標石を寄進、頻繁に参詣したとの記録が残っています。三体の御本尊の毘沙門天は秘仏で、毎年11月の大祭に兜跋毘沙門天が御開帳されます。重要文化財を含む、本堂の仏像参詣は事前予約制です。

山の緑に囲まれて建つ仁王門

ご本尊

3体の毘沙門天（びしゃもんてん）

●神峯山寺
6
79
高槻IC
高槻JCT
115
名神高速道路
67
JR京都線 高槻駅
阪急京都線 高槻市駅

DATA

山号／根本山　宗旨／天台宗
住所／大阪府高槻市原3301－1
交通／JR高槻駅から市バス20分、「神峯山口」バス停より徒歩20分
拝観／9～17時
拝観料／無料（紅葉期間のみ300円）
URL www.kabusan.or.jp/
MAP：P.3　A-2

GOODS

「毘沙門不動ご祈願ろうそく」（1500円）。火をともすと不動明王に願いが届く。ろうそくと皿のセット

①役行者開創開成皇子中興　日本最初毘沙門天王　根本山　②毘沙門天　③菊の御紋　④神峯山寺　⑤根本山神峯山寺寶塔院

おせがきとお骨佛の寺

一心寺【いっしんじ】

ご本尊
阿弥陀如来（あみだにょらい）

文治元（1185）年、法然上人が草庵を結んだのが最初とされます。徳川家との結びつきが強く、江戸時代末期からは年中無休で施餓鬼法要を行う寺として有名になりました。施餓鬼法要は餓鬼道に堕ちて苦しむ霊に食物を備え供養する仏事です。施餓鬼供養は念仏堂で毎日受け付けています。お骨佛は遺骨を集め、阿弥陀如来像を造立した仏像。納骨堂には8体のお骨佛が安置されています。

DATA
山号／坂松山　宗旨／浄土宗
住所／大阪府大阪市天王寺区逢坂2-8-69
交通／JR・地下鉄天王寺駅より徒歩約10分
拝観／5～18時
拝観料／無料
URL www.isshinji.or.jp/
MAP：P.2　D-4

徳川家康は大坂冬の陣（1614年）の際、境内に本陣をおいた

①圓光大師二十五霊場第七番奉拝　②日想観殿　③三宝印　④一心寺　⑤坂松山一心寺

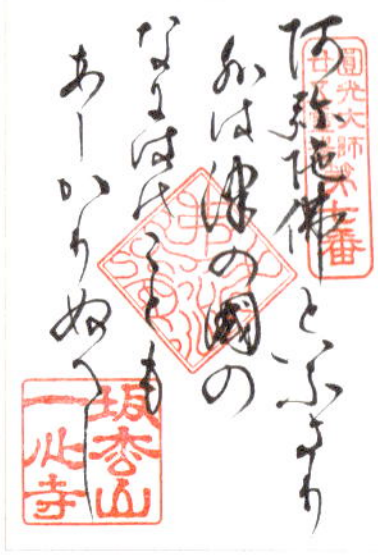

①圓光大師廿五霊場第七番奉拝　②阿弥陀仏といふより外は津の國のなにはのこともあしかりぬべし　③三宝印　④坂松山一心寺

縁結び・商売繁盛の愛染さん

愛染堂勝鬘院【あいぜんどうしょうまんいん】

ご本尊
愛染明王（あいぜんみょうおう）

聖徳太子が推古天皇元（593）年に開いた施薬院に始まるとされます。施薬院は薬草を植え、病人に与える施設です。境内の奥にそびえる多宝塔は慶長2（1597）年、豊臣秀吉による再建で大阪市最古の木造建築物。愛染明王を祀る金堂は徳川秀忠が再建させたもの。毎年6月30日から7月2日に開催される「愛染まつり」ではご本尊と多宝塔に安置された大日大勝金剛尊の御開帳が行われます。

DATA
山号／荒陵山　宗派／和宗
住所／大阪府大阪市天王寺区夕陽ヶ丘町5-36
交通／JR王寺駅より徒歩15分、地下鉄四天王寺前夕陽ヶ丘駅より徒歩3分
拝観／9時～16時30分
拝観料／無料
URL www.aizendo.com/
MAP：P.2　D-4

愛染明王の御利益は縁結び、商売繁盛。女性客の参拝も多い

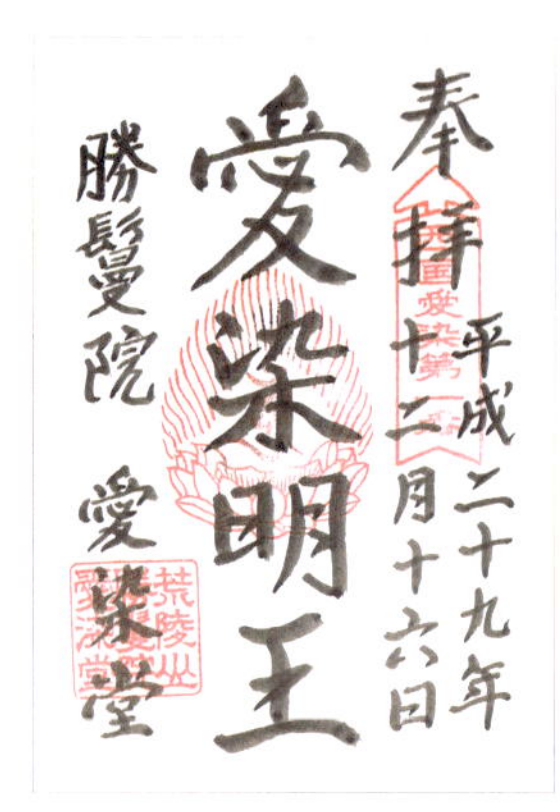

①西國愛染第一番奉拝　②愛染明王　③梵字ウンの愛染明王を表す印　④勝鬘院 愛染堂　⑤荒陵山 勝鬘院 愛染堂

大阪・兵庫・三重 授与品

カード型お守りやかわいいお守り袋のほか関宿に江戸時代からある銘菓を紹介します

愛染堂勝鬘院

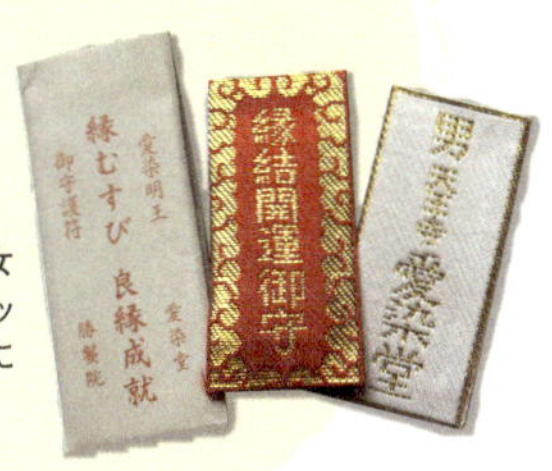

「良縁成就のお守り」は赤（女性）と白（男性）の護符がセット。赤白重ねて持つと良縁に恵まれるとか。1000円

花山院

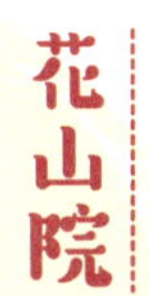

境内には握手ができる7体の地蔵尊を安置。幸せを招く「七地蔵尊お守り」はカード仕様

勝尾寺

名物「勝ちダルマ」のような色合いの勝守。700円

関宿

関宿は江戸時代の姿を残した宿場町。名物は深川屋の銘菓「関の戸」。和三盆、伊勢茶、大和橘の果皮をまぶした3種類。6個入り500円～

国の重要伝統的建造物群保存地区

播州清水寺

肉球がユニーク

播州清水寺の怪我身代り御守300円と肉球がかわいい福手御守700円

滋賀 京都 奈良 和歌山 大阪 兵庫

聖徳太子開基と伝わる
鶴林寺【かくりんじ】

ご本尊
薬師如来（やくしにょらい）

播磨の地に住んでいた高麗の僧恵便のために聖徳太子が建立したとされます。室町時代に全盛期を迎えますが、戦国時代には織田信長、豊臣秀吉の弾圧に遭いました。文化財を多く所蔵。本堂、太子堂は国宝、白鳳時代の銅造聖観音立像、平安時代の木造十一面観音立像ほか、合わせて18件が重要文化財に指定されています。3月彼岸前後の3日間には鶴林寺最大の行事として太子会式が行われます。

本堂は境内最大の建物で応永4（1397）年の銘がある

①関西花の寺第九番奉拝 ②醫王殿 ③梵字バイの薬師如来を表す印 ④関西花の寺二十五ヵ所霊場会25周年 ⑤鶴林寺 ⑥刀田山鶴林寺

DATA
山号／刀田山　宗旨／天台宗
住所／兵庫県加古川市加古川町北在家424
交通／JR加古川駅より徒歩25分、山陽電鉄尾上の松駅より徒歩15分
拝観／9～17時
拝観料／500円
URL www.kakurinji.or.jp/
MAP：P.3　A-2

鎌倉時代再建の本堂は国宝
太山寺【たいさんじ】

ご本尊
薬師如来（やくしにょらい）、十一面観音（じゅういちめんかんのん）

藤原鎌足の子、定恵和尚が開山、霊亀2（716）年孫の宇合が建立と伝わり、1300年の歴史ある古刹です。仁王門から境内に入り、中門をくぐると右手に三重塔、貞享5（1688）年の建立とされます。左手には阿弥陀堂・堂内に安置された阿弥陀如来坐像は像高約2・7m・鎌倉時代初期の作で重要文化財です。正面に本堂が建ちます。奥の院の地蔵堂には祈願をひとつかなえてくれる一願地蔵が祀られています。

本堂は正面約21m、側面約18mの堂々とした構え。国宝

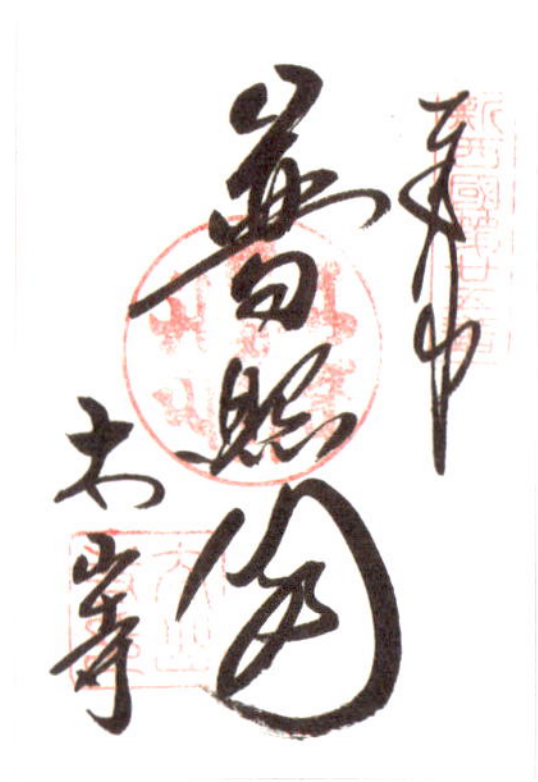

①新西國第廿五番奉拝 ②普照閣 ③宝印 ④太山寺 ⑤太山寺印

DATA
山号／三身山　宗旨／天台宗
住所／兵庫県神戸市西区伊川谷町前開224
交通／地下鉄名谷駅からバス18分、「太山寺」バス停下車、地下鉄学園都市駅より2km
拝観／8時30分～17時（12～2月は16時30分）
拝観料／300円
URL www.do-main.co.jp/taisanji/
MAP：P.3　A-2

中風除けの寺

大龍寺【たいりゅうじ】

ご本尊
如意輪観音（にょいりんかんのん）

和気清麻呂が大蛇に命を救われたことで霊験を感じ、この地に伽藍を建立したとされます。弘法大師は唐に渡る前に参拝し、旅の安全を祈願、帰国後、お礼に再び訪れたので山号を再度山といいます。天授元（１３７５）年、中風を患った後円融天皇が平癒祈願により病が治癒したことから、以降、中風除けの加持祈祷の寺として有名になりました。毎月21日には中風除けの加持を行っています。

緑濃い山中に堂宇がたたずむ。秘仏のご本尊は奈良時代作で重要文化財

①摂津西國第六番　再度山　称徳天皇勅願所開基和氣清麿公弘法大師再登霊蹟　②梵字キリーク＋大悲殿　③梵字キリークの如意輪観音を表す印　④大龍寺　⑤聖跡重光

DATA
山号／再度山
宗旨／東寺真言宗
住所／兵庫県神戸市中央区神戸港地方再度山1-3
交通／JR三ノ宮駅より市バス25系統(不定期)20分、「大龍寺」バス停下車
拝観／9～17時
拝観料／境内無料
URL www.tairyuji.com/
MAP：P.3　A-2

本堂は国宝、鐘楼は重文

朝光寺【ちょうこうじ】

白雉2（651）年、法道上人の開創とされます。上人はインドから雲に乗って飛来したと伝わる伝説上の人物です。創建などの史料が少なく、詳細な歴史は不明です。本堂は厨子裏板の墨書から室町時代中期の応永20（1413）年の再建と思われます。2体あるご本尊のうち1体は、京都三十三間堂の十一面千手観音を譲り受け、安置したとされます。重要文化財の鐘楼は鎌倉時代後期の建造です。

静かな山中に仁王門、本堂、鐘楼、多宝塔などがたたずむ

①十一面千手観世音菩薩　奉拝　②大悲殿　③十一面観音を表す梵字キリークと千手観音を表す梵字キャの印　④朝光寺　⑤播磨國鹿野山朝光寺

DATA
山号／鹿野山
宗旨／高野山真言宗
住所／兵庫県加東市畑609
交通／加古川線社町駅よりタクシー20分
拝観／自由
拝観料／無料
MAP：P.3　A-2

姫路市とたつの市に挟まれた太子町に位置。境内には三重塔、講堂、聖徳殿などが並ぶ。寺宝に日光・月光菩薩立像、十二神将立像があり、いずれも重要文化財

関西の名刹

斑鳩寺【いかるがでら】

聖徳太子ゆかりの寺院

聖徳太子が推古天皇より、土地を賜り鵤荘と名づけ、伽藍を建立したのが最初です

推古天皇14（606）年、聖徳太子は推古天皇のために勝鬘経、法華経の講義をしました。天皇は喜び、太子に播磨国揖保に水田を授けます。太子は鵤荘（いかるがのしょう）と名づけ、伽藍を建立。平安時代には法隆寺の荘園となり、経済的に法隆寺を支えました。境内には七堂伽藍が並び、隆盛を誇りますが、天文10（1541）年、火災により伽藍は崩壊。その後、龍野城主赤松氏らの寄進を受けて、再建されました。

仁王門を入ると右手に三重塔、左手に聖徳殿、そして正面に講堂が建ちます。朱塗りの三重塔は高さ約25ｍ、永禄8（1565）年に再建されたもので、国の重要文化財に指定されています。

講堂には釈迦如来坐像、薬師如来坐像、如意輪観音坐像が安置されていますが、秘仏で拝観できるのは2月22日、23日の太子忌に限られています。

寺宝の日光・月光菩薩立像はともに国の重要文化財に指定されています

ご本尊
釈迦如来（しゃかにょらい）、薬師如来（やくしにょらい）、如意輪観音（にょいりんかんのん）

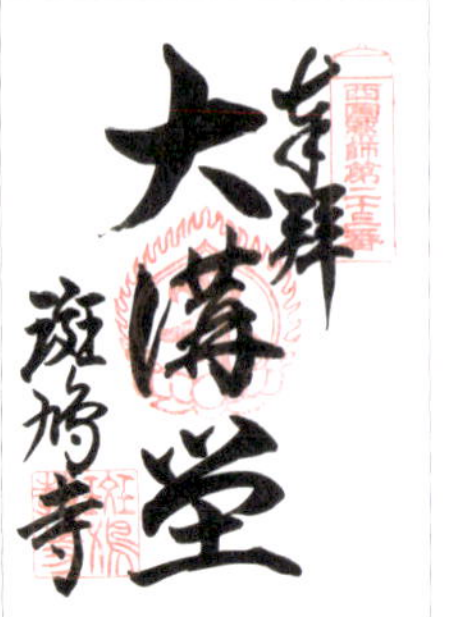

①西國薬師第二十三番奉拝 ②大講堂 ③梵字バイの薬師如来を表す印 ④斑鳩寺 ⑤斑鳩寺印

①新西國第三十二番奉拝 ②如意殿 ③梵字キリークの如意輪観音を表す印 ④斑鳩寺 ⑤斑鳩寺印

DATA
山号／斑鳩山　宗旨／天台宗
住所／兵庫県揖保郡太子町鵤709
交通／神姫バス「鵤」バス停より徒歩7分、JR網干駅よりタクシー10分
拝観／自由
拝観料／無料（宝物館・聖徳殿500円）
URL www.ikarugadera.jp/
MAP：P.3　A-2

厄を祓う厄神明王を安置

門戸厄神東光寺

【もんどやくじん　とうこうじ】

ご本尊
薬師如来（やくしにょらい）

嵯峨天皇が41歳の厄年に当たる天長6（829）年、弘法大師により厄除祈願が行われました。大師は愛染明王と不動明王が一体となった厄神明王を刻み、東光寺に安置したのです。厄神明王はすべての厄を祓うとされます。表門には男厄坂と呼ばれる42段の石段、中楼門には女厄坂と呼ばれる33段の石段があり、一段上るごとに厄を祓うそうです。毎月19日の縁日は多くの参拝客でにぎわいます。

厄神明王を祀る厄神堂、ご本尊を祀る本堂などが境内に並ぶ

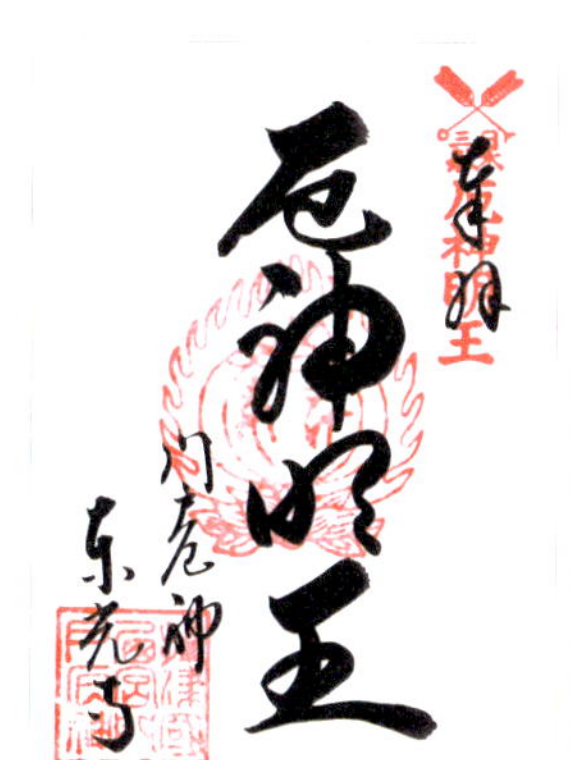

①日本三躰厄神明王奉拝　②厄神明王　③愛染明王の梵字ウーンと不動明王の梵字カーンで厄神明王を表す印　④門戸厄神東光寺　⑤摂津國西宮門戸厄神

DATA
山号／松泰山
宗旨／高野山真言宗
住所／兵庫県西宮市門戸西町2-26
交通／阪急門戸厄神駅より徒歩10分
拝観／8～17時
拝観料／無料
URL www.mondoyakujin.or.jp/
MAP：P.3　A-2

山伏の寺として有名

伽耶院

【がやいん】

ご本尊
毘沙門天（びしゃもんてん）

孝徳天皇の勅願寺として大化元（645）年、法道仙人によって開基と伝わります。中世以降、聖護院を本山とする修験寺院として栄えます。創建当時の伽藍は焼失、現在の本堂、多宝塔、開山堂などは慶長15（1610）年以後、諸国大名の寄進による再建です。毎年10月体育の日には採燈大護摩供法要を催行。近畿各地の天台系山伏が参集、山伏200名による読経、山伏問答などが行われます。

金堂は典型的密教伽藍様式で国の重要文化財

①新西國廿六番奉拝
②多聞殿
③梵字ベイの多聞天を表す印
④伽耶院
⑤伽耶院印

DATA
山号／大谷山
宗旨／本山修験宗
住所／兵庫県三木市志染町大谷410
交通／神姫ゾーンバス「伽耶院口」バス停より徒歩10分
拝観／9時～17時
入山料／お一人につき草引き10本（内陣拝観は志納）
URL www.gayain.or.jp/
MAP：P.3　A-2

浄土寺【じょうどじ】

仏像と浄土堂は国宝

北に八幡神社、池を挟んで浄土堂と薬師堂が向き合う珍しい伽藍配置になっています

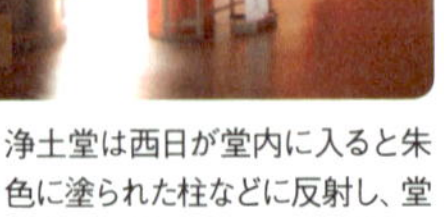

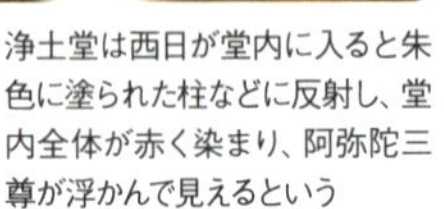

浄土堂は西日が堂内に入ると朱色に塗られた柱などに反射し、堂内全体が赤く染まり、阿弥陀三尊が浮かんで見えるという

国宝の浄土堂は中国（宋）の建築様式が用いられている

鎌倉時代初期に重源が創建しました。重源は平家の焼き討ちに遭い、荒廃していた奈良東大寺を復興した高僧として知られます。境内には北に八幡神社、西に浄土堂、東に薬師堂が向かい合って建立されています。浄土堂は建久5（1194）年に上棟、3年後に完成したと記録にあります。

広い堂内に祀られているのは阿弥陀三尊像。中央の阿弥陀如来は像高5m余という巨大な立像で快慶の作といわれています。威厳に満ちた姿の三尊像は東向きに安置されています。背後の蔀戸を開けると像の後ろから西日が入り、雲に乗って西方浄土から来迎する阿弥陀如来を思わせる光景が展開します。阿弥陀三尊像と浄土堂は国宝に指定されています。薬師堂は永正14（1517）年の再建。ご本尊の薬師如来が納められています。八幡神社は室町時代の建築です。

裏山には10種1万本のアジサイが植栽され、6月には散策路を彩ります

ご本尊

薬師如来、阿弥陀三尊

①新西國客番奉拝　②瑠璃光殿
③薬師如来を表す梵字バイと阿弥陀如来を表す梵字キリークの印
④浄土寺　⑤極楽山浄土寺

DATA

山号／極楽山　宗旨／高野山真言宗
住所／兵庫県小野市浄谷町2094
交通／神戸電鉄小野駅より徒歩45分、またはタクシー10分
拝観／9～12時、13～17時（10～3月は16時）、年末年始は堂内拝観不可
拝観料／500円
MAP：P.3　A-2

三重！おすすめ古寺めぐり

三重県を代表する古刹を訪ね 江戸の面影を残す街道歩きを楽しむ

京都府、滋賀県、奈良県そして和歌山県と接する三重県。関西の古寺めぐりから、足を延ばして三重県の古刹を訪ねましょう。伊勢地方における浄土真宗の中心寺院が高田派総本山専修寺です。広大な境内には重要文化財に指定された13棟もの堂宇が並び、壮観な風景を見せてくれます。末寺のひとつ真善寺では住職と会話を楽しみ、ユニークな御朱印を書いていただけます。

真善寺の近くには東海道五十三次の宿場町として栄えた関宿があります。

石薬師寺は旧東海道沿いにたたずむ古寺。奈良時代の創建で、歌川広重の浮世絵「東海道五十三次石薬師宿」にも姿が描かれ、この浮世絵を表紙にした西陣織の御朱印帳が人気です。

広重の浮世絵が表紙の御朱印帳（1700円）

専修寺【せんじゅじ】

御影堂は間口42.6mの単層入母屋造、如来堂は間口約25.6mの入母屋造

表紙に擬革紙という特殊な和紙を使った御朱印帳（左）は6000円、右は3000円

山号／高田山　宗旨／真宗高田派本山
住所／三重県津市一身田町2819
交通／JR一身田駅より徒歩5分、津駅よりタクシー10分
拝観／6時～15時30分　拝観料／無料

山門を入ると正面に御影堂、如来堂が堂々とそびえます。どちらも高度な建築技術が評価され、国宝に指定されました。御朱印は進納所で頂きます。浄土真宗は御朱印を授与しない寺院がほとんどです。専修寺では御朱印を参拝記念として頒布しています。中央に押印された寺名印を囲むのは龍。龍は念仏を守護するものだからだそうです。進納所では御朱印帳も販売しています。ユニークな表紙で無形文化財の和紙を使用するなど、どれも凝った仕様。お寺の方から「これら御朱印帳の使い方は自由。メモ帳にしてもよいのです」とのアドバイスを頂きました。

①高田山 真宗高田派本山 専修寺　②高田山専修寺

真善寺【しんぜんじ】

「お寺に親しみをもって、憩いの場にしてほしいと常々、思っていたのです。御朱印がそのきっかけになればと思い、3年ほど前から書き始めました」と轟信宏住職は話します。

「当寺は真宗で教学上、御朱印に本尊名は書きません。そこで御朱印は親鸞聖人が大切にされた経典の一説〝唯見佛光〟と書くもの、念仏への思いや願いを優しく表現したものなどを用意して選んでいただいています」

住職は参拝者にできる限り声をかけ、触れ合う機会をもつようにしているそうです。

「穏やかな気持ちになっていただきたいからです。御朱印にもそんな願いを込めています」

山号／旭曜山　宗旨／真宗高田派
住所／三重県亀山市小野町307
交通／JR関駅より徒歩15分
拝観／9～12時、14～16時
拝観料／無料
☆御朱印対応スケジュールをHPで必ず確認すること
URL https://shinzenji.org/

①奉拝　②阿弥陀如来の絵と「いつも心になもあみだぶつ」　③真善寺　④旭曜山真善寺

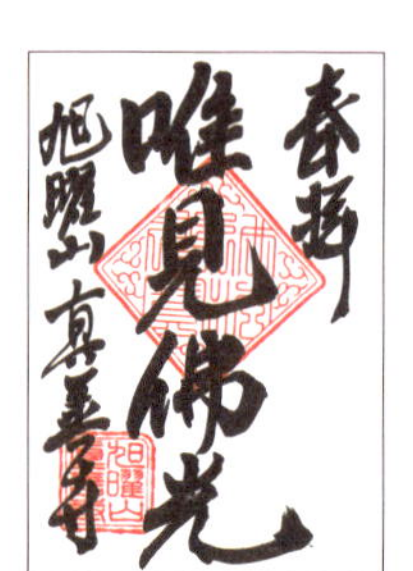

①奉拝　②唯見佛光　③佛法僧寶　④旭曜山真善寺　⑤旭曜山真善寺

明るく開放感にあふれた本堂。御朱印は本堂で授与。本尊は阿弥陀如来

三重！宿場町散策

―風情ある東海道関宿―

関宿は東海道五十三次47番目の宿場町です。関宿に足を踏み入れるとまるで江戸時代に戻ったかのよう。東の追分から西の追分まで約1.8kmの街道沿いに江戸時代後期から明治時代にかけて建てられた200軒もの建造物がずらりと並びます。これほど江戸時代の姿を残した宿場町はほとんどないといってもいいでしょう。お土産にぴったりなのが江戸時代から続く深川屋の銘菓「関の戸」です。赤小豆のこし餡を求肥餅で包んだ上品な甘さの餅菓子です。

和三盆や伊勢茶、大和橘の果皮をまぶした関の戸は6個入り500円～

関宿の町並みは国の重要伝統的建造物群保存地区に選定、日本の道百選にも選ばれている

関宿
交通／JR関駅より徒歩5分

深川屋
営業／9～18時、木曜休

石薬師寺【いしやくしじ】

延暦15（796）年、弘法大師が本尊を刻み、開眼したと伝わる。本堂は江戸時代初期の再建

本尊石薬師如来は毎年12月20日開帳の秘仏です。「弘法大師自作と伝わる石像で女神のような優しい表情です。雲母を含んでいる石なのでお灯明をともすと全身がキラキラ光り、とても幻想的であたたかな雰囲気に包まれます」と語るのは福田寛隨住職です。「病気平癒で知られ、病で悩む方の参拝が多くあります。悩みを聞き、励ますことで落ち込んでいる気持ちが、少しでもラクになってもらえればと思っています」

御朱印帳の表紙は安藤広重「東海道五十三次」の浮世絵で、ゴッホの作品「タンギー爺さん」に石薬師浦桜が描かれています。インターネットでこの御朱印帳を知り、訪ねてくる欧米人もいるそうです。

「石薬師の石は医師の意味もあるのでしょう」と住職

①嵯峨天皇勅願所泰澄弘法二師開基 ②石醫王尊 ③梵字バイの薬師如来を表す印 ④石薬師寺 ⑤高富山石薬師寺

山号／高富山
宗旨／東寺真言宗
住所／三重県鈴鹿市石薬師町1
交通／JR加佐登駅よりタクシー5分、三重交通「上田口」バス停より徒歩5分
拝観／8～17時
拝観料／無料
URL www.geocities.jp/ishiyakushiji/

御朱印帳コレクション 三

その寺院の見どころをデザインした華麗な御朱印帳を紹介

鮮やか、門戸厄神東光寺

厄を落とせるという坂を上りきると立つ、朱色の中楼門が表紙。

豊臣家ゆかりの高台寺

北政所ゆかりの高台寺の御朱印帳は豊臣家の家紋入りのデザインで色違い2色。

上品なピンク、慈尊院

表には多宝塔、裏には本堂。弘法大師母公の寺らしい優しい色使い。1200円

自然をデザイン、救馬渓観音

山間に位置する本堂の風景が表紙、裏には地名の由来となった馬をデザイン。

吉野山 寺宝めぐり 散華・朱印帳

金峯山寺、大日寺、竹林院など吉野山に位置する9寺院の寺宝を期間限定で公開。これを記念して各寺院で特別散華と御朱印が頂ける。参加9寺院で頒布。散華100円、御朱印帳300円

徳川家ゆかりの長保寺

徳川家ゆかりの寺らしく寺紋が葵の紋。そこで御朱印帳にも葵の紋。

色彩豊か、室生寺

左は五重塔とシャクナゲの錦織3240円、右2つは十一面観音の光背がモチーフ。

百済寺の御朱印

御朱印こぼれ話

僧侶、職員の皆さんが見事な筆運びで御朱印を書いています。

あるお寺で御朱印を書いていただいた住職に「どのようなメッセージを込めて書いていますか」とお聞きしたところ、「無心です」という答え、そして「御朱印はご本尊と授与された人との縁を結ぶもの。書き手はその架け橋です。ですから、無心で書きます。なかには頂いた方の願いがかなうようにと祈願を込めて書く方もいますが、そういうことはご本尊に任せ、私たちはご本尊との縁を結ぶだけ。私はそう思って無心で書いています」

同じような質問をほかのお寺ですると多くは「無心」という答えが返ってきました。住職の話で「無心」の意味がわかりました。

御朱印帳を持参していないときには書き置きの御朱印を頂きますが、必ず御朱印帳に貼り付けておいてほしいと言われました。御朱印帳に挟んだままにしておくと落としてしまうことがあるからです。

日蓮宗の場合、日蓮宗専用の『御主題帳』という御朱印帳があります。御主題帳を出すと「南無妙法蓮華経」と書いていただけますが、御主題帳以外で他宗派の御朱印帳を出すと「妙法」の御朱印になる場合やお寺によっては御朱印そのものを頂けないところもあります。御主題帳は日蓮宗の寺院で購入することができます。

何度も言うようですが、どこのお寺でもマナーを守ってほしいと話します。

御朱印は頂くもの、気持ちよく書いていただけるよう気をつけましょう。

高台寺の御朱印と利生堂

まだまだある関西のおめぐりリスト

関西にはまだまだ多くの札所めぐりがあります。
西国三十三所は坂東三十三観音と秩父の三十四観音と合わせて
日本百観音めぐりとも言われます

【西国薬師四十九霊場】

大阪、兵庫、京都、滋賀、奈良、和歌山、三重の七府県四十九ヵ寺をめぐる。

No.	寺院	所在地
1	薬師寺	奈良市西ノ京町457
2	霊山寺	奈良市中町3879
3	般若寺	奈良市般若寺町221
4	興福寺東金堂	奈良市登大路町48
5	元興寺	奈良市中院町11
6	新薬師寺	奈良市高畑町1352
7	久米寺	奈良県橿原市久米町502
8	室生寺	奈良県宇陀市室生78
9	金剛寺	奈良県五條市野原西3-2-14
10	龍泉院	和歌山県伊都郡高野町高野山647
11	高室院	和歌山県伊都郡高野町高野山599
12	薬師院禅林寺	和歌山県海南市幡川424
13	弘川寺	大阪府南河内郡河南町弘川43
14	野中寺	大阪府羽曳野市野々上5-9-24
15	家原寺	大阪府堺市西区家原寺町1丁8番20号
16	四天王寺	大阪市天王寺区四天王寺1丁目11-18
17	国分寺	大阪市北区国分寺1丁目6-18
18	久安寺	大阪府池田市伏尾町697
19	昆陽寺	兵庫県伊丹市寺本2-169
20	東光寺	兵庫県西宮市門戸西町2-26
21	花山院菩提寺	兵庫県三田市尼寺352
22	鶴林寺	兵庫県加古川市加古川町北在家424
23	斑鳩寺	兵庫県揖保郡太子町鵤709
24	神積寺	兵庫県神崎郡福崎町東田原1891
25	達身寺	兵庫県丹波市氷上町清住259
26	長安寺	京都府福知山市奥野部577
27	天寧寺	京都府福知山市字大呂1474
28	大乗寺	兵庫県美方郡香美町香住区森860
29	温泉寺	兵庫県豊岡市城崎町湯島985-2
30	多禰寺	京都府舞鶴市字多禰寺346
31	総持寺	滋賀県長浜市宮司町708
32	西明寺	滋賀県犬上郡甲良町池寺26
33	石薬師寺	三重県鈴鹿市石薬師町1
34	四天王寺	三重県津市栄町1-892
35	神宮寺	三重県多気郡多気町丹生3997
36	弥勒寺	三重県名張市西田原2888
37	浄瑠璃寺	京都府木津川市加茂町西小札場40
38	法界寺	京都市伏見区日野西大道町19
39	醍醐寺	京都市伏見区醍醐東大路町22
40	雲龍院	京都市東山区泉涌寺山内町36
41	正法寺	京都市西京区大原野南春日町1102
42	大原院勝持寺	京都市西京区大原野南春日町1194
43	神蔵寺	京都府亀岡市薭田野町佐伯岩谷ノ内院ノ芝60
44	神護寺	京都市右京区梅ヶ畑高雄町5
45	三千院門跡	京都市左京区大原来迎院町540
46	桑實寺	滋賀県近江八幡市安土町桑実寺292
47	善水寺	滋賀県湖南市岩根3518
48	水観寺	滋賀県大津市園城寺町246(三井寺山内)
49	延暦寺	滋賀県大津市坂本本町4220

【関西花の寺二十五霊場】

季節の花で知られる、大阪、兵庫、京都、滋賀、奈良、和歌山の霊場を訪ねる。

1	観音寺	京都府福知山市観音寺1067	紫陽花、ロウバイ
2	楞厳寺	京都府綾部市舘町楞厳寺6	ミツバツツジ、蓮
3	慈恩寺金剛院	京都府舞鶴市鹿原595	紅葉
4	高源寺	兵庫県丹波市青垣町檜倉514	椿、天目楓
5	高照寺	兵庫県養父市八鹿町高柳1156	木蓮、白萩
6	隆国寺	兵庫県豊岡市日高町荒川22	牡丹、椿
7	如意寺	京都府京丹後市久美浜町1845	ミツバツツジ
8	應聖寺	兵庫県神崎郡福崎町高岡1912	沙羅、紅葉
9	鶴林寺	兵庫県加古川市加古川町北在家424	沙羅、菩提樹
10	摩耶山天上寺	兵庫県神戸市灘区摩耶山2-12	沙羅、紫陽花
11	永澤寺	兵庫県三田市永沢寺210	牡丹、花菖蒲
12	久安寺	大阪府池田市伏尾町697	牡丹、紫陽花
13	法金剛院	京都府京都市右京区花園扇野49	蓮、枝垂桜、嵯峨菊
14	興聖寺	滋賀県高島市朽木岩瀬374	薮椿
15	岩船寺	京都府木津川市加茂町岩船上ノ門43	紫陽花、紅葉
16	浄瑠璃寺	京都府木津川市加茂町西小札場40	馬酔木、杜若、紅葉
17	般若寺	奈良県奈良市般若寺221	コスモス、山吹
18	白毫寺	奈良県奈良市白毫寺392	五色椿、萩
19	長岳寺	奈良県天理市柳本508	平戸ツツジ、杜若、紅葉
20	石光寺	奈良県葛城市染野387	牡丹
21	當麻寺	奈良県葛城市當麻1263	石楠花、牡丹、紅葉
22	船宿寺	奈良県御所市五百家484	椿、霧島ツツジ、皐月
23	金剛寺	奈良県五條市野原西3-2-14	牡丹、菊
24	子安地蔵寺	和歌山県橋本市菖蒲谷94	藤、山茶花
25	観心寺	大阪府河内長野市寺元475	梅、紅葉

【まだまだある関西のおめぐりリスト】

- 役行者霊蹟札所　修験道の開祖、役行者ゆかりの36寺をめぐる。
- 京都十三佛霊場　京都市内の代表的な仏様十三尊をめぐる。
- 近畿三十六不動尊霊場　近畿2府4県にある36ヵ寺の不動明王をめぐる。
- 聖徳太子御遺跡霊場　聖徳太子ゆかりの28ヵ寺をめぐる。
- 真言宗十八本山巡拝　真言宗各派の大本山18ヵ寺をめぐる。
- 洛陽三十三所観音霊場　西国三十三ヵ所に代わる京都市内の三十三観音めぐり。
- 近江西国霊場　琵琶湖を一周するように巡る滋賀県の三十三観音めぐり。
- 新西国霊場　1932年、三都合同新聞社が、一般読者の意見を中心に選定。
- 神仏霊場巡拝の道　伊勢神宮（特別参拝）、および近畿地方の150の社寺をめぐる。
- 都七福神　京都で行われる日本最古の七福神めぐり。
- 洛陽六阿弥陀　江戸時代に木食正禅上人が発願。阿弥陀如来像を祀る6ヵ寺をめぐる。
- びわ湖百八霊場　煩悩の数と同じ108の寺院をめぐる。

イベントカレンダー

掲載寺院の年間行事をご紹介。
お祭りに合わせて御朱印
めぐりも一興です。

※ご紹介しているイベントは一部です。詳しくは、ホームページなどをご確認ください。日程は、毎年変わる場合もあります。

1月		
1日〜	初詣	各寺
1日〜3日	新春お写経会	薬師寺
1日〜14日	裸踊り	法界寺
1日〜15日	吉祥天女像開扉	浄瑠璃寺
3日	福給会	穴太寺
5日	初玄奘縁日・平和祈願祭	薬師寺
7日	追儺式	太山寺
8日	初薬師縁日・大般若経転読法要	薬師寺
8日	秘伝木建て	施福寺
最初の寅の日	初寅会・火渡り神事	神峯山寺
成人の日	泉山七福神巡り（山内寺院）	泉涌寺
16日〜18日	上宮王院修正会	法隆寺
18日・19日	厄除け大祭	門戸厄神（東光寺）
第4土曜	若草山焼き	奈良公園若草山
28日	初不動（はつふどう）祈願	百済寺
28日	初行者	救馬渓観音

2月		
節分	豆まき大法会（本尊開扉）	青岸渡寺
2日〜4日	節分祭	各寺
3日	山伏追儺式	聖護院
3日	柴燈大護摩供火渡り	元興寺
14日	だだおし法要	長谷寺
18日	五穀豊穣・商売繁盛祈願祭	華厳寺
22日	太子春会式	斑鳩寺

3月		
1日〜	古代ひな人形展	法華寺
1日〜14日	修二会（お水取り）	東大寺
2日	徳道上人忌	法起院
3日	流し雛	粉河寺
初午の日	初午厄除祈願会	西大寺
第2日曜	般若窟柴燈大護摩供	宝山寺
17日	開山泰澄忌・ご縁日法要	正法寺
20日〜	桜祭り	金剛宝寺（紀三井寺）
21日	正御影供	高野山奥の院
21日〜5月20日	吉祥天女像開扉	浄瑠璃寺
22日	千本釈迦念仏	大報恩寺
春彼岸の3日間	太子法要	鶴林寺
28日	織山回峰	観音正寺
旧暦初午日	初午祭（紀南随一厄除大投餅）	救馬渓観音

4月		
1日〜8日	開山忌法要	泉涌寺
4日	宝物拝観	一乗寺
4日〜11日	御修法	延暦寺（根本中堂）
8日	佛生会	長保寺
10日〜12日	花供懺法会	金峯山寺
4月上旬〜5月上旬	春の国宝三重塔内壁画特別公開	西明寺
第1日曜	無縁経大会式宝塚歌劇団奉讃	中山寺
第1日曜	なにわ人形芝居フェスティバル	一心寺
中旬	花供養会・花行列	六角堂頂法寺
中旬〜5月上旬	シャクナゲ祭り	岡寺
13日〜15日	華道祭	大覚寺
15日〜21日	秘仏本尊御開扉西国御砂踏	総持寺
18日	春季大法要観音もちまき	葛井寺
第2日曜	豊太閤花見行列	醍醐寺
21日	正御影供	室生寺
22日	聖霊会舞楽大法要	四天王寺
下旬	道成寺会式	道成寺
末〜ゴールデンウィーク	シャクナゲ約千本満開	成相寺

5月		
1日〜5日	寺宝虫払行事	神護寺
5日	鬼追踊	朝光寺
7日〜8日	舞儀音楽大会式	松尾寺
12日	練り供養	太山寺
15日	葵祭	上賀茂神社、下鴨神社

24日	地蔵盆フェスティバル	一心寺
26日	二十六夜待法要	播州清水寺

9月

中秋の名月の日	秋月祭	石山寺
中秋の名月の日	観月の夕べ	大覚寺
21日～23日	四国八十八ヶ所 お砂踏法要	今熊野観音寺

10月

1日～11月30日	吉祥天女像開扉	浄瑠璃寺
中旬	月見の煎茶会	萬福寺
6日	北政所茶会	高台寺
中旬	梵燈のあかりに 親しむ会	妙心寺山内 東林院
体育の日	採燈大護摩供法要	伽耶院
中旬頃	秋季永代経	南宗寺
18日	秋の眼病封じ 祈願会・ めがね供養会	南法華寺 （壺阪寺）
22日	時代祭	京都御所・ 平安神宮
第3日曜日	開山忌野点茶会・ 三重宝塔壁画扉絵 特別公開	岡寺

11月

3日	十夜会	長保寺
5日	宝物拝観	一乗寺
5日～15日	十日十夜別時 念仏会	真如堂
11月上旬～ 11月下旬	秋の国宝三重塔 内壁画特別公開	西明寺
11月上旬～ 11月下旬	紅葉夜間ライトアップ	永源寺
11月の土日祝	特別夜間ライトアップ	勝尾寺
23日	筆供養	東福寺
下旬	観音様の足の裏 を拝する会	三室戸寺

12月

14日～16日	三千仏名会礼拝行	圓教寺
18日	修観音大根煮	葛井寺
29日	お身拭い	薬師寺
31日	除夜の鐘	各寺
31日	越年写経会	薬師寺

その他

毎月5日	弥勒縁日	慈尊院
毎月8日	本尊薬師如来の縁日	元慶寺
毎月第1土曜	写経会	菩提寺
毎月17日	縁日	立木観音
毎月18日・25日	国宝拝観	道明寺

15日	准胝観世音菩薩 曼荼羅供大法要	上醍醐准胝堂 （醍醐寺）
中旬頃	春季永代経	南宗寺
18日	春の眼病封じ 祈願会	南法華寺 （壺阪寺）
第3金・土曜	薪御能 （南大門跡）	南円堂 （興福寺）
第3日曜	薔薇会式・えと祭り	霊山寺
20日～26日の 間の日曜日	楠公祭	観心寺
28日	業平忌 （多宝塔特別開扉）	不退寺

6月

5日	開山忌	建仁寺
15日	宗祖降誕会	高野山
17日	両祖大師降誕会	根来寺
第3日曜	桂昌院忌	善峯寺
30日～7月2日	愛染まつり	愛染堂勝鬘院

7月

1～31日	祇園祭	八坂神社、 山鉾町
上旬	ハス酒を楽しむ会	三室戸寺
7日～9日	蓮華会・蛙飛び行事	金峯山寺
土用の丑の日	きゅうり封じ	蓮華寺
20日	土用の入中風除 祈祷大祭	大龍寺
22日	本山採灯 大護摩供	園城寺 （三井寺）

8月

1日～2日	千日会	長命寺
2日	行者祭	救馬渓観音
初旬	篝の舞楽	四天王寺
7日から10日	六道まいり・迎え鐘	六道珍皇寺
8日～10日	萬燈会厳修	六波羅蜜寺
9日	観音盆千日会・ 千躰地蔵盆	金剛輪寺
9日	千日まいり	葛井寺
10日	千日会 （本尊御開帳）	正福寺
13日	高野山ろうそく祭り	高野山奥の院
15日	蓮華会	宝厳寺 （竹生島）
16日～18日	五山の送り火	京都五山
中旬	千日詣り・夏の夜 間特別拝観	清水寺
19日	夏季厄除祭・ 門戸の夏祭 「厄神まつり」	門戸厄神 （東光寺）
21日～22日	太子夏会式	斑鳩寺
21日～23日	幽霊絵馬公開	革堂行願寺

御朱印集めや旅をもっと楽しみましょ！

＼関西や、関東、全国の神社本も好評発売中！／

御朱印と御利益が凄い神社を厳選し、紹介しています。神社について知りたい方にぴったりのシリーズです。

各1300円＋税

御朱印でめぐる東京の神社 ～週末開運さんぽ～	**御朱印でめぐる関西の神社 ～週末開運さんぽ～**	**御朱印でめぐる関東の神社 ～週末開運さんぽ～**	**御朱印でめぐる全国の神社 ～開運さんぽ～**

さらに

御朱印や京都に関するコミックエッセイやお守りの本も発売中！　著者独特の視点で旅先や神社を案内するので、読みやすく、わかりやすいと好評です。

「700体のお守りに守られた」経営者であり、お守り研究家の著者が、長年収集してきたすごい御利益のお守りがある全国の神社を紹介

日本全国 開運神社 このお守りがすごい！
中津川　昌弘

1384円＋税

旅好きなイラストレーター柴田かおるさんが、御朱印帳片手に、神社を参拝。コミックエッセイでは初の、御朱印本です

御朱印はじめました
関東の神社週末開運さんぽ
柴田　かおる

京町家育ちのてらいまきさんが描く京都の一年。謎の奇祭や穴場スポット、季節の絶品グルメなど、超ローカル情報満載!

きょうも京都で京づくし
てらいまき

各1100円＋税

地球の歩き方 御朱印シリーズ 既刊本のお知らせ

①御朱印でめぐる
鎌倉の古寺
〈三十三観音完全掲載〉
改訂版
定価（本体1500円+税）

②御朱印でめぐる
京都の古寺
改訂版
定価（本体1500円+税）

③御朱印でめぐる
奈良の古寺
改訂版
定価（本体1500円+税）

④御朱印でめぐる
江戸・東京の古寺
改訂版
定価（本体1500円+税）

⑧御朱印でめぐる
高野山
定価（本体1500円+税）

⑩御朱印でめぐる
秩父
〈三十四観音完全掲載〉
定価（本体1500円+税）

⑪御朱印でめぐる
関東の百寺
〈坂東三十三観音と古寺〉
定価（本体1500円+税）

⑤日本全国
この御朱印が凄い！
第壱集　増補改訂版
定価（本体1500円+税）

⑥日本全国
この御朱印が凄い！
第弐集　都道府県網羅版
定価（本体1500円+税）

Facebook nice御朱印！

日本全国の『凄い御朱印！』

日本全国には、まだまだ知られていない
御朱印がたくさんあるはず。
そんな情報を交換したり、さまざまな
御朱印について語り合ったりする場です。
読者の皆さんの積極的な投稿、
情報提供をお待ちしています。

Facebookページで

www.arukikata.co.jp/guidebook/books/

地球の歩き方　御朱印シリーズ13

御朱印でめぐる関西の百寺　西国三十三所と古寺
2018年6月20日　初版発行

著作　『地球の歩き方』編集室

発行所　ダイヤモンド・ビッグ社
〒104-0032 東京都中央区八丁堀2-9-1
編集部　TEL.03-3553-6667
http://www.arukikata.co.jp/

発売元　ダイヤモンド社
〒150-8409 東京都渋谷区神宮前6-12-17
http://www.diamond.co.jp/
販　売　TEL.03-5778-7240

印刷製本　開成堂印刷株式会社

編集・企画　馬渕徹至・山下将司・杉山由依
〔株式会社ワンダーランド http://www.wonder-land.co.jp/〕

執筆　小川美千子

校正　(有)トップキャット

アート ディレクター　湯浅祐子〔株式会社ワンダーランド〕

デザイン　湯浅祐子・津久井美咲〔株式会社ワンダーランド〕

マップ制作　齋藤直己〔マップデザイン研究室〕

イラスト　湯浅祐子・津久井美咲〔株式会社ワンダーランド〕

撮影　入交佐妃

協力　株式会社TMオフィス・(公社)びわこビジターズビューロー

編集・制作担当　宮田崇

ISBN 978-4-478-82178-7